I0103249

www.ingramcontent.com/pod-product-compliance
Lightning Source LLC
Chambersburg PA
CBHW071222290326
41931CB00037B/1846
9786140601673

أطلس اللاعنف

هيثم منّاع

أطلس اللاعنف

نوفل

صدرت في تموز 2023 عن نوفل، دمغة الناشر هاشيت أنطوان

© هاشيت أنطوان ش.م.ل.، 2023
info@hachette-antoine.com
www.hachette-antoine.com
facebook.com/HachetteAntoine
instagram.com/HachetteAntoine
twitter.com/NaufalBooks

صورة الغلاف: © Stephen Mulcahey / Trevillion Images
تصميم الداخل: ماري تريز مرعب
تحرير ومتابعة نشر: روان عزالدين

ر.د.م.ك. (النسخة الورقية): 978-614-06-0167-3
ر.د.م.ك. (النسخة الإلكترونية): 978-614-06-0168-0

مقدّمة

تُوفّي جان ماري مولر، أو «غاندي أوروبا» كما نسمّيه في أوساط حركات السلام واللاعنف، في 18 كانون الأوّل/ديسمبر 2021، ولم نستطع، بسبب أولويّات فرضها علينا «العنف» في شرقيّ المتوسط ثمّ في أوروبا نفسها، تنظيم مؤتمر عالميّ يتناول عطاء هذه الشخصيّة المتميّزة في الفكر والنضال. وكلّما اقتربت الذكرى الأولى لفقدانه، كنت أسترق الليل حينًا والأوقات الشحيحة التي تبقى للمرء، لعدم جعل ذكرى هذا المناضل اللاعنفيّ تغيب ضمن قواعد سوق الاستهلاك الثقافيّ والفكريّ البائسة. إلى أن تكوّنت لديّ فكرة هذا الأطلس، وعاهدت نفسي على أن أنجزه وأرسله للناشر في الذكرى الأولى للفقيد.

اعتمد جان ماري مولر في قاموسه على التعريف بالكلمات والوسائل والمصطلحات، واختار 108 منها يقترح علينا فيها إعادة قراءة المفهوم والمصطلح من منظورٍ لاعنفيّ. كم كنّا نتمنّى لو كان موسوعة مختصرة تشمل المفكّرين والحكماء والأشخاص الذين قضوا حياتهم في ملحمة صناعة السلام، الأمر الذي كان يقوم به يوميًّا في عمله التدريسيّ والتأهيليّ للكوادر المناضلة. وقد حفّزني ذلك على كتابة «أطلس»

مختصر يتناول أسماءً هامّة في النضال المدنيّ غير العنيف، ويرصد الإنتاج المنهجيّ للعنف الدينيّ والأيديولوجيّ والسياسيّ والمجتمعيّ للمحن ومحاكم التفتيش وتكفير المختلف، كذلك الإشكاليّات العمليّة التي تعيشها الحركات المناهضة للعنف عبر تجارب ملموسة. ولم أجد أجمل من مقدّمة مولر لقاموسه لأبدأ به هذا الكتاب:

«في 10 تشرين الثاني 1998، أعلنت الجمعيّة العامة للأمم المتّحدة «فترةَ 2001-2010 عقدًا دوليًّا لإعلاء ثقافة اللاعنف والسلام لصالح أطفال العالم». وفي حيثيّاتها، اعتبرتْ أنّ «ثقافة اللاعنف والسلام تيسِّر احترامَ حياة كلِّ كائنٍ إنسانيّ وكرامته دون حكمٍ مسبق ولا تمييز من أيّ نوعٍ كان». علاوةً على ذلك، دعت الجمعيّة العامّة «الدول الأعضاء لاتخاذ التدابير اللازمة لتعليم ممارسة اللاعنف والسلام على المستويات كلِّها في مجتمعاتها، بما فيها المؤسّسات التعليميّة». وما يدعو للدهشة في أنّ ممثّلي الدول المجتمعين في نيويورك قد صوّتوا لقرارٍ كهذا، هو فرط غرابة اللاعنف عن الثقافة التي ورثناها. فالتصوّرات التي ينتظم حولها فكرُنا وينبني لا تترك كبيرَ مجالٍ لمفهوم اللاعنف، بينما يشكِّل العنف جزءًا لا يتجزّأ من عالمنا التصوّريّ. اللاعنف يأتي ليقلب المعالمَ التي وضعناها؛ ومن هنا فإنّ مفهوم اللاعنف نفسه يلاقي في أذهاننا من الصعوبات ما يجعلنا نطعن مرارًا في سَداده.

ليس لدى الناس عن اللاعنف، في الغالب الأعمّ، غير رأي، أي «حكم مسبق» (préjugé). وما يميّز الرأيَ هو أنّه ليس البتّة من إعمال العقل، بل الاعتقاد. الرأيُ هو فكرةٌ عوراء، مُقَولَبة، مقتبَسة من الجمهور – فكرة لم يخصِّص لها الفردُ الوقتَ الكافي من النظر. الرأي ليس إلّا تردادًا لـ«قيل عن قال». إنّه يغذّي الثرثرة. وهو مضلّل، بوصفه غير ناضج وسطحيًّا وملتبسًا. ألا نسمع من «الرأي العامّ» أنّ اللاعنف ليس سوى مثاليّة تفتقر إلى أيدٍ تطبِّقها؟ ألا يقال إنّ هذه المثاليّة متأصّلة في قناعةٍ

أخلاقيّة، لكنّها عاجزة عن تأسيس مسؤوليّة أخلاقيّة. فما الجدوى منها إذن؟! بذا فإنّ العديد من الناس مستعدّون لقول رأي في اللاعنف، فيما هم لا يفقهون منه شيئًا»[1].

كنّا وقت صدور القاموس نعتبره جزءًا من مشروع الموسوعة العالميّة المختصرة «الإمعان في حقوق الإنسان». وكانت سعادتنا كبيرة في ترجمته إلى العربيّة ترجمةً راقية وأمينة، وقد التقطه عددٌ من خيرة شبيبة التغيير بالقراءة وحلقات النقاش، ولا أكشف سرًّا عندما أقول إنّ أهمّ شهداء الثورة المدنيّة السلميّة في سوريا قد قرأوا وناقشوا هذا القاموس في حلقاتهم قبل 2011.

بعد انطلاق الحرب على الإرهاب في العقد الأوّل من هذا القرن، كان الممسك على السلميّة كالممسك على الجمر. إلى أن جاء الحراك المدنيّ السلميّ في تونس ومصر ليعيد إلينا البسمة والثقة بأنّ المدنيّة أقوى من التوحّش، وأنّ النضال اللاعنفيّ يبقى أرقى أشكال النضال من أجل التغيير.

كان هذا التفاؤل قصير العمر، فقد تكالبت جبهات العنف كافّة، لقبر هذا الربيع السلميّ في مهده.

من هنا ضرورة استكمال هذا المرجع الهامّ، بالربط بين المفاهيم والممارسة اليوميّة، وتناول ميكانيزمات إنتاج العنف في المجتمعات، كذلك إلقاء الضوء على منارات فكريّة ونضاليّة هامّة، جعلت من موضوعة اللاعنف، لا فقط أطروحةً أخلاقيّةً ومسلكيّةً أساسيّةً لمستقبل الناس، بل الخيار الأوّل لخلاصهم.

---

[1] Dictionnaire de la non-violence, éditions du Relié, 2005:
قاموس اللاعنف – جان-ماري مولر؛ ترجمة محمد علي عبد الجليل؛ مراجعة ديمتري أفييرينوس، معابر للنشر، دمشق، الطبعة الأولى في 2007.

لم أطمح في هذا الأطلس الصغير إلى تغطية كلّ جوانب العنوان، بل إلى تثبيت منارات هامّة، في حقبة سوداء سمّاها الفيلسوف السلوفيني جيجيك: «ما فوق الجنون»[2].

جنيف، 2022/12/18

---

[2]   ليس لترتيب الفصول في هذا الأطلس قاعدة أبجديّة ولا تفضيلٌ معنويّ.

أطلس اللاعنف
Atlas de la Non-violence
Atlas of Non-violence
2023

جان ماري مولر (1939-2021)
Jean-Marie Muller

في مدرسة ثانويّة فرنسيّة، سألت 30 طالبًا وطالبة سؤالًا بسيطًا: هل تعرف ريجيس دوبريه وبرنار هنري ليفي وجان ماري مولر؟ وتبيّن من الإجابات أن 30 شخصًا في منطلق عمر الاكتشاف لم يسمعوا بجان ماري مولر ولا يعرفون شيئًا عنه.

أبدأ بهذه الواقعة المؤلمة، التي تظهر دور وسائل التواصل على اختلافها، سمعيّةً وبصريّةً وافتراضيّة، في تسطيح الوعي وتغييب رموز المقاومة المدنيّة من منظومة نشر المعارف السائدة.

وُلد جان ماري مولر في فيسول (فرنسا) في 21 تشرين الأوّل/أكتوبر 1939 وتُوفي في أورليان في 18 كانون الأوّل/ديسمبر 2021 عن عمر يناهز 82 عامًا. تخصّص الفيلسوف الفرنسيّ في غاندي واللاعنف، وشغل منصب مدير الدراسات في «معهد الأبحاث حول حلّ النزاعات اللاعنفيّة». وكان عضوًا مؤسّسًا في حركة البديل اللاعنفيّ، وعضوًا في

لجنة رعاية التنسيق الفرنسيّ لعقد ثقافة السلام واللاعنف منذ إنشائها في عام 2001. تُرجمت أعماله إلى عدّة لغات وخاصّةً العربيّة (صدرت في بيروت ودمشق)، وكان عضوًا مؤسّسًا في المجلس الدوليّ لأوّل جامعة أكاديميّة لنبذ العنف في العالم، التي تأسّست سنة 2009 في لبنان تحت اسم «أونور».

قبل 50 عامًا، في 10 تشرين الأوّل/أكتوبر 1966، ألقى جان ماري مولر أوّل محاضرة عامّة له في مدينة أورليان حول موضوع «العنف والإنجيل» في إطار لقاءٍ مسكونيّ شارك فيه أسقف أورليان غي ريوبي والقسّ ميروغليو، رئيس الكنيسة الإصلاحيّة في أورليان. لاحظ مولر، أستاذ الفلسفة الشابّ، الذي كان يبلغ من العمر 26 عامًا، أنّ «العالم في حالة عنف» وأنّه «مهدّد بالعنف حتّى في وجوده». ثمّ طرح هذا السؤال الذي يبدو لنا أكثر إلحاحًا بعد نصف قرن: «في مواجهة هذا، ماذا نفعل، ماذا يمكننا أن نفعل؟». عن هذين السؤالين الحاسمَين تحديدًا، لم يتوقّف مولر عن التفكير طوال خمسة عقود بينما كان يسعى لمواجهة التحدّي الهائل الذي يلقيه علينا اللاعنف.

ظهر اسمه في الساحة العامّة في أورليان، في يناير 1969، أثناء محاكمته مع اثنين آخرين من سكّان المدينة الفرنسيّة (هما جان ديسبوا وجان بيار بيران) لإعادتهم دفتر الخدمة الإلزاميّة.

يصف ديسبوا ومولر المشهد بعد خمسين عامًا: «كنّا على علمٍ بأحداث الجزائر، الإعدام بإجراءات قسريّة، التعذيب». يقول ديسبوا، الذي كان، في ذلك الوقت، يقبع تحت الشمس الحارقة لأفريقيا وتحت الأعلام الفرنسيّة التي كانت تضعها الفرق عندما تنتزع أرضًا من جبهة التحرير الوطنيّة الجزائريّة: «كنت أتعرّض للمضايقات اليوميّة، لممارسة التعذيب. أراني القائد كيفيّة استخدام بعض وسائل التعذيب الكارثيّة التي كنت أرفض استخدامها، مخاطرًا بعقوبة عسكريّة لرفض طاعة

الأوامر». يستجوب رئيس المحكمة الأب بيران حول إقدام كتيبته على اعتقال ثلاثة رجال يُشتبه في علمهم بأنشطة جبهة التحرير. «جرى استجوابهم وتعذيبهم. منذ ذلك الحين، كان من المستحيل إطلاق سراحهم. نُقلوا إلى الغابة وأطلقت النار عليهم. هذه الحادثة جعلتني أكتشف أنّني مريض وأنّ الجيش نفسه، مريض»[1].

في عام 1967، في فرنسا، كتب الثلاثة بشكلٍ فرديّ إلى الوزير للاعتراض على إلزاميّة الالتحاق بالجيش كضبّاط احتياط، مطالبين باعتماد «صفة المستنكفين ضميريًّا» وبـ«تعزيز اللاعنف في تسوية النزاعات». رُفض الطلب، وأُعيدوا إلى كتائبهم العسكريّة، فوقّعوا رسالة مفتوحة هذه المرّة إلى الوزير.

كان مولر قد طلب قبل عامين، بصفته ضابط احتياط، الاستفادة من وضع المستنكف ضميريًّا. حكمت المحكمة عليه بالسجن ثلاثة أشهر مع وقف التنفيذ وخمس سنوات من الحرمان من حقوقه المدنيّة.

في العام نفسه، نشرت دار «فايار» كتابه الأوّل «إنجيل اللاعنف» الذي يُركّز على اللاعنف من منظورٍ مسيحيّ، مسلّطًا الضوء على أوجه القصور والتناقضات في اللاهوت والكنيسة بشأن العنف المشروع والحرب العادلة. قبل كلّ شيء، يؤكّد أنّ اللاعنف هو أحد المتطلّبات الأساسيّة للمسيحيّة، ويظهر أنّه طريقة أخرى أكثر فاعليّةً لتعزيز العدالة والسلام والحرّية. مع هذا الكتاب المكتوب بحزمٍ فكريّ متميّز، ثبّت جان ماري مولر مكانته بالفعل كمفكّرٍ مهمٍّ في اللاعنف.

في عام 1970، ترك التدريس ليكرّس نفسه للبحث في اللاعنف وتنفيذه من حيث التدريب والعمل وتأليف العديد من الأعمال المرجعيّة

---

1 https://www.larep.fr/orleans-45000/actualites/le-8-janvier-1969-s-ouvrait-a-orleans-un-proces-ultra-mediatique-autour-d-officiers-de-reserve-non-violents_13101845/

حول فلسفة اللاعنف واستراتيجيّة العمل اللاعنفيّ. لكن إن كان كرّس جزءًا كبيرًا من وقته للكتابة لمدّة خمسين عامًا، فإنّ مولر هو قبل كلّ شيء ناشطٌ في اللاعنف. «هل يستطيع الفيلسوف التفكير في اللاعنف إن لم يكن هو نفسه مناضلًا»؟ يتساءل في كتابه «مبدأ اللاعنف، الرحلة الفلسفيّة» (1995). ويضيف: «أليس من المناسب التشكيك في صورة الفيلسوف الذي يفكّر بينما يبتعد عن صراعات المدينة؟ كما لو أنّ حقيقة عدم الالتزام وعدم الانحياز تجعل من الممكن التفكير بشكل أفضل... ألا يجب أن نؤكّد، على العكس من ذلك، أنّه إن كانت الفلسفة انعكاسًا على الفعل، فلا يمكن للفيلسوف ألّا يتصرّف، وأنّه بهذا المعنى لا يمكنه أن يكون ناشطًا؟ نعتقد أنّ من الضروري الشروع في إعادة التأهيل الفلسفي للنضال» ولعلّ في هذا التوجّه، ما يوضح الفروق بينه وبين مدرسة جين شارب الأميركيّة.

وفاءً لهذا المبدأ، شارك مولر في العديد من الإجراءات الواسعة النطاق. في حزيران/يونيو 1970، نفّذ، مع جان ديسبوا، إضرابًا عن الطعام لمدّة خمسة عشر يومًا للتنديد ببيع ستّ عشرة طائرة ميراج لحكومة الجنرالات البرازيليّين، وهو إجراء أثار تداعيات كبيرةً في الرأي العامّ ونقاشًا واسعًا حول تجارة الأسلحة. في عام 1973، شارك في فريق « كتيبة السلام» احتجاجًا على التجارب النوويّة الفرنسيّة في المحيط الهادئ. مع جاك دو بولارديير، كان على متن السفينة يوم الجمعة، عندما دخلت البحريّة الفرنسيّة بالمراكب الشراعيّة إلى المنطقة المحظورة حول جزيرة موروروا. وعندما انفجرت القنبلة، كان محتجزًا في سجن قاعدة «هاو» العسكريّة. ستكون هذه المرّة الأخيرة التي تُجري فيها الحكومة الفرنسيّة تجارب نوويّة في الغلاف الجويّ.

في عام 1972، نشر استراتيجيّة العمل اللاعنفيّ، كدليلٍ حقيقيٍّ للثورة اللاعنفيّة. لأوّل مرّة، يُكشف عن العمل اللاعنفيّ بطريقةٍ صارمةٍ

وواقعيّة، يطوّر فيها مبادئ استراتيجيّة أصيلة، بناءً على دراسة المعارك التي قادها غاندي ومارتن لوثر كينغ. سيعاد إصدار هذه الكلاسيكيّة عن Le Seuil ضمن مجموعة Points politique (عام 1981). في سنة نشر هذا العمل الهامّ، أقام لفترةٍ طويلة في الولايات المتّحدة حيث التقى بالعديد من قادة الحركات اللاعنفيّة في هذا البلد، ثمّ انخرطوا معًا في مقاومة حرب فيتنام. وسينشر في عام 1976 كتابًا عن الكفاح السلميّ لسيزار تشافيز، زعيم العمّال الزراعيّين المكسيكيّين في الولايات المتّحدة.

رغبته واقتناعه بضرورة إعطاء تعبيرٍ سياسيّ عن اللاعنف، قاداه لأخذ زمام المبادرة، في عام 1974، لإنشاء «حركة البديل اللاعنفيّ» (MAN)، وهي اتّحاد وطنيّ للجماعات اللاعنفيّة، كان لفترةٍ طويلةٍ عضوًا فيه والمتّحدث الرسميّ باسمه. مع MAN (ولكن أيضًا مع PSU وبعض المجموعات البيئيّة)، شارك في إنشاء استبيان الجبهة الذي قدّم العديد من المرشّحين للانتخابات التشريعيّة لعام 1978. في تشرين الأوّل/ أكتوبر 1978، شارك جان ماري مولر في إضرابٍ عن الطعام لأربعة أيّام مع لانزا ديل فاستو وجاك دو بولارديير وجان تولات وجان جوس وأربعة فلّاحين من لارزاك من أجل تحدّي الرأي العامّ والسلطات العامّة بشأن المعسكر العسكريّ. فرانسوا ميتران الذي انتُخب رئيسًا للجمهوريّة سنة 1981، زارهم حينها مؤكّدًا لهم تضامنه، قبل أن يُعيد عائلة لارزاك إلى الفلّاحين.

خلال تلك السنوات، شارك مولر بنشاطٍ في الحملة من أجل قانونٍ جديد بشأن الاستنكاف الضميريّ، بينما أدلى بشهادته في مناسباتٍ عديدة أثناء محاكمات المتمرّدين المستنكفين ضميريًّا، والتحق باللجنة الاستشاريّة التي أنشأها رئيس الوزراء عام 1982 بهدف إنشاء التشاور للتصويت على قانونٍ جديد بهذا الشأن. من بين الإصلاحات التي سيتمّ

تبنّيها، أصبح من الممكن الآن لجنود الاحتياط الحصول على الوضع القانونيّ للمستنكفين ضميريًّا.

لا يمكن الخلط بين الاستنكاف الضميريّ من المؤسّسة العسكريّة وبين نوع معيّن من مناهضة العسكرة. بالنسبة إلى جان ماري مولر، يجب على المستنكف ضميريًّا أن يتحمّل مسؤوليّاته المتعلّقة بالدفاع، من خلال العمل على احتمالات المقاومة اللاعنفيّة على مستوى الدولة في حالة العدوان. وقد طوّر أفكاره حول مرافعة أخرى في كتابه «أقلت سلميّة؟» من التهديد النوويّ إلى الدفاع المدنيّ اللاعنفيّ (1984). في عام 1983، بعد حملة MAN للدفاع الآخر، طلب وزير الدفاع تشارلز هيرنو من جان ماري مولر إجراء دراسة حول الدفاع المدنيّ غير العنيف. صدر هذا الكتاب بالتعاون مع كريستيان ميلون وجاك سيملين، ونشرته «مؤسّسة دراسات الدفاع الوطنيّ» في عام 1985 تحت عنوان «الردع المدنيّ»، كإقرارٍ بأهميّة أساليب المقاومة اللاعنفيّة المطبّقة في الدفاع الوطنيّ.

في أعقاب توقيع هذا العقد، شارك مولر عام 1984، في إنشاء «معهد الأبحاث حول الحلّ السلميّ للنزاعات» (IRNC) الذي أصبح مديرًا للأبحاث فيه. نظّم المعهد العديد من المؤتمرات، ونشر الدراسات المطبّقة على أداة الردع المدنيّ، وعلى التدخّل المدنيّ من أجل السلام. بين عامي 1985 و2000، شارك (IRNC) في اجتماعات عمل مع ممثّلي «الأمانة العامّة للدفاع الوطنيّ» (SGDN). وبين 1985 و1992، كان مولر محاضرًا في معهد الدراسات السياسيّة بجامعة ليون حيث درّس استراتيجيّة العمل اللاعنفيّ.

خلال صيف عام 1987، سافر مولر إلى بولندا، حيث التقى بالقادة الرئيسيّين للمعارضة المدنيّة الديمقراطيّة، بمن فيهم جاسيك كورون وآدم ميتشنيك. كانت المقاومة البولنديّة قد ترجمت ونشرت بشكل

غير قانونيّ في عام 1985 عمله «استراتيجيّة العمل اللاعنفيّ» الذي أصبح بالنسبة لأعضائها الدليل الأساسيّ للمقاومة المدنيّة اللاعنفيّة. ستُثبت شبكة قراءة اللاعنف المطبّقة على أوضاع الأنظمة الشموليّة في الشرق أنّها مثمرة خاصّةً في تحديد استراتيجيّة المقاومة اللاعنفيّة التي ستؤدّي في النهاية إلى سقوط جدار برلين. وهكذا، توقّعًا لأحداث عام 1989، كتب جان ماري مولر في عام 1985: «اتّضح أنّه إن كانت السلطة الشموليّة مسلّحة تمامًا لسحق أيّ تمرّدٍ عنيف، فإنّها تجد نفسها في حيرةٍ من أمرها لمواجهة اللاعنف الذي يمارسه جميع الناس الذين حرّروا أنفسهم من الخوف. [...] وهكذا، فإنّ اللاعنف، الذي تدّعي العقول العقائديّة المغلقة أنّه يلعب لصالح الأنظمة الشموليّة، يتبيّن في الواقع أنّه السلاح الأنجع لمكافحته. ولا بدّ من الاعتراف بأنّه في ذلك الوقت كان عددٌ قليلٌ جدًّا من الناس على استعداد لتقاسم وجهة النظر هذه».

بصفته متحدّثًا ومدرّبًا ومناضلًا، يصفه آلان ريفالو بالقول: «تنقّل في جميع أنحاء فرنسا والعديد من البلدان، في أوروبا وحول العالم، لرفع الوعي وإقناع جمهوره بحكمة وقوّة اللاعنف. محاضرة جان ماري مولر هي دائمًا حدث. صوته، وروح الدعابة، ووضوح تحليلاته، وأمثلته «لنزع سلاحه» لا تترك أيّ شخص غير مبالٍ. وإن كانت تزعج أحيانًا لملاءمتها الخالية من أيّ عيب، فإنّنا نميل عمومًا إلى احترام قوّة قناعتها التي يُعبَّر عنها من خلال منطقٍ ديكارتيّ للغاية. لأكثر من عشرين عامًا، بدعوة من جمعيّات وحركات للدفاع عن حقوق الإنسان، أقام عدّة مرّات في لبنان وتشاد والعراق حيث قاد دورات تدريبيّة في الحلّ السلميّ للنزاعات. كما شارك في العديد من بعثات حفظ السلام في نيكاراغوا وكولومبيا[2]».

---

[2] https://alainrefalo.blog/2016/10/18/jean-marie-muller-50-ans-dengagements-au-service-de-la-non-violence/

نظرًا إلى أنّ جان ماري مولر فيلسوفٌ وناشطٌ في الوقت نفسه، تخلّلت حياته المهنيّة انعكاسات وأفعال تتضافر لتقديم محتوى عقلانيّ ومتماسك للّاعنف الذي أسهم إلى حدٍّ كبير في إخراج الغموض وسوء الفهم فيه. «صديق اللاعنف»، كما يعرّف نفسه بتواضع، أسهم طوال حياته في التفكير والعمل لجعل فرضيّة اللاعنف ذات مصداقيّة، ولجعلها «قابلة للنقاش، أي إنّها تستحقّ المناقشة»، وفقًا للصيغة التي يحبّها. ووفق زميله ديمتري أفييرينوس فإنّ مولر «طوال نقاشاته ومعاركه، هذه الآلاف من الصفحات المكتوبة تحت ختم مزدوج من الدقّة والتربية، عرف كيف يجد الكلمات الصحيحة، والصيغ الصعبة، والتعريفات الدقيقة، والتفكير الدقيق، والتحليلات والتعليقات الثاقبة، والحجج النهائيّة التي سمحت لقرّائها ومحاوريها بالتوصّل إلى فهم عميق للاعنف». ومهما كثرت الملاحظات على كتابات مولر، فهي تتلاشى أمام نجاحه في فتح آفاقٍ جديدة للتفكير والتصرّف بطريقةٍ مختلفةٍ في مواجهة الإنتاج الواسع لثقافة العنف المهيمنة على عالمنا اليوم.

بالنسبة إلى مولر، اللاعنف ليس مجرّد احتجاج، ومقاومة ضدّ العنف، ولكنّه أيضًا قوّة اقتراح لبناء مستقبل خالٍ من العنف. اللاعنف ليس سلميّة سلبيّة، على عكس أولئك الذين يعتقدون أنّ العنف هو الموقف المسؤول الوحيد في التاريخ. إنّها مسألة الجمع بين المطلب الأخلاقيّ الذي يتمثّل في نزع الشرعيّة عن العنف، مع الموقف المسؤول الذي يهدف إلى العمل بفعاليّة ضدّ أنظمة الهيمنة والقمع التي تستعبد الإنسان. لأنّ العنف دائمًا ما ينتهي به الأمر بخيانة وإفساد الغاية التي يدّعي أنّه يخدمها، فمن الضروري البحث عن «مكافآت وظيفيّة» للعنف تتوافق مع الغاية المنشودة. اللاعنف فقط هو الذي يوفّر هذا التماسك حينما يهدف إلى الكفاءة البنّاءة.

أصدر مولر «قاموس اللاعنف» في عام 2005، وهو أحد أنجح أعماله. وقد تُرجم إلى العربيّة وصدر في دمشق. يجمع في 108 كلمات رئيسيّة شبكة القراءة الكاملة للّاعنف ويعطينا مفاتيح اللغة للتفكير في كلّ تعقيدات المفهوم. كتب المؤلّف في مقدّمة قاموسه: «يجب نزع الشرعيّة وتفكيك الكلمات التي تبرّر العنف، وفي نفس الحركة نبتكر ونبتكر الكلمات التي تكرّم اللاعنف». قاموس لتعلّم التسمية والقول والكتابة والحوار والتساؤل والعقل والتفكير، يجعل من الممكن التحدّث عن اللاعنف في أيّ محفلٍ جامعيّ أو شعبيّ. إنّه أكثر من مجرّد عمل «على» اللاعنف، إنّما يتناوله كلغةِ تعبيرٍ عن ثقافة مجتمع ما. وبما أنّ لغتَنا باتت متعيّنةً إلى حدٍّ كبير بأيديولوجيا العنف السائدة، فإنّنا لم نتعلّم النطق بلغة اللاعنف. تعوزنا الكلماتُ للتفكّر في اللاعنف وقوله؛ إذ إنّ إدراكنا الكلماتِ يتمّ عبْرَ الموشور المشوّه لأيديولوجيا العنف. لكنّنا، حين نضعها من جديد أمام مرآة فلسفة اللاعنف، نجدها تتّخذ مغزًى آخر. علينا مطاردة الكلمات المزيّفة التي اقتحمت لغتَنا على غير علمٍ منّا وإخراجُها من مكامنها، فهي التي تسبّبت بعدم اتّساق خطابنا. علينا أن نجتهد لفضح المسلّمات الفلسفيّة المختبئة في الكلمات التي نستعملها عادةً والتي تكوّن بنيان فكرنا رغمًا عنّا. علينا نزعُ الشرعيّة عن الكلمات التي تسوّغ العنفَ وتفكيكُ بُناها، وفي الآن نفسه، ابتكارُ الكلمات التي تشرِّف اللاعنف وإبداعُها. إنّ إيجاد الكلمات الصحيحة لتسمية العنف يعني سلفًا الفكاكَ من قبضته؛ وبالمثل، فإنّ إيجادَ الكلمات الصحيحة لتسمية اللاعنف يعني سلفًا إفساح المجال لوجوده. وعلى هذا العمل المزدوج في التسمية عكفْتُ، محرّرًا مفرداتِ هذا القاموس، آملًا اكتشاف الكلمات المفاتيح التي تفتح المدخل إلى فهمٍ معمّقٍ للّاعنف.

يبقى صاحب الفلسفة أفضل من يشرح تصوّره الخاصّ، لذا أحيلت لمولر مهمّة توضيح مقاربته لموضوعة اللاعنف من مقدّمة قاموسه، مع الإشارة إلى أنّني سمحت لنفسي بأطول استشهاد من كتاب منذ بدأت الكتابة قبل أكثر من خمسين عامًا[3]:

«ترتكز ثقافةُ العنف على ركنين: أحدهما أيديولوجيّ والآخر استراتيجيّ. تزيّن لنا الأيديولوجيا أنّ العنف مُحايثٌ للعمل البشريّ، ملازمٌ له، وتعلّمنا الاستراتيجيّةُ أنّ العنف «ضروريّ» للعمل الفعّال. بالمثل، فإنّ ثقافة اللاعنف يجب أن تتأسّس على فلسفة وعلى استراتيجيّة. يجب تهديم أيديولوجيا العنف وفضح استراتيجيّة العمل العنفيّ، وفي الوقت نفسه، بناءُ فلسفة لاعنفيّة وابتكار استراتيجيّة للعمل اللاعنفيّ. وإن كان على هذين المجالَين – الفلسفيّ والاستراتيجيّ – أن يكونا متمايزَين في وضوح، يجب عدم الفصل بينهما؛ إذ إنّ هناك اتّصاليّةً بين أحدهما والآخر. الفلسفةُ هي طلبُ حكمة عمليّة تؤهّل الإنسانَ للعمل وتدعوه إليه. التفكيرُ يعني الإرادةَ، والإرادةُ تعني العمل؛ وبدقّةٍ أكثر: التفكير بالعدالة يعني إرادةَ العدالة، وإرادةُ العدالة تعني العملَ في سبيل العدالة. يودّ الفيلسوفُ، جزمًا، أن يتمتّع بحياةٍ هادئة، مكرّسة بكليّتها للتفكّر والتأمّل والنظر العقليّ؛ لكنْ عليه أن يتخلّى عن هذا الحُلم، لأنّه لا خيار له في ذلك: عليه أن يعمل. يشدّد بول ريكور (Paul Ricœur)، محقًّا تمامًا، على أنّ العمل هو معيار صدق الإرادة، إذ كتبَ يقول: «إرادةٌ لا تؤدّي إلى تحريك الجسم، وبه، إلى تغيير شيءٍ في العالم، توشك أن تضيع في عقيم الأماني وفي الأحلام. فمَن لا يحقّق لم يُرِدْ بَعدُ حقًّا. إنّ نيّةً منفصلةً عن العمل مشكوكٌ فيها سلفًا»[4]. لا يجوز للفيلسوف أن يُعمِلَ عقلَه فقط لوضع تصوّراتٍ فكريّة: ففي طلبِه

[3] http://www.maaber.org/nonviolence_a/avant_propos_a.htm

[4] بول ريكور، فلسفة الإرادة، المجلد الأوّل: الإرادي واللاإرادي، باريس، 1988، ص 187.

للحقيقة، يدفعه مقتضى ضميره إلى تأكيد قِيَمٍ أخلاقيّة؛ وهذه يجب أن تُمتحَن في بوتقة العالَم. ويدقّق ريكور: «ما إنْ ينكفئ الضميرُ في باطنيّة مزدرية حتى تصابَ القيمةُ بعقمٍ يُفسِدها إفسادًا عميقًا»[5].

هناك صلةٌ جوهريّة بين الكلمة الصحيحة والفكرة الصحيحة والعمل الصحيح. فالعمل هو منتهى الفلسفة وتحقُّقها؛ إنّه الموقف الذي يؤكّد به الإنسانُ-الفيلسوفُ حضورَه للآخرين. وبامتناعه عن العمل، قد لا يقدِّم المفكّرُ للآخرين سوى فراغ غيابه. لا يمكن للالتزام في العمل النضاليّ لصالح حقوق الكائن الإنسانيّ أن يُفهَمَ كمادّةٍ اختياريّةٍ في الفلسفة، بل هو مادّة إجباريّة فيها، منغرسةٌ في الحكمة العمليّة؛ والرسوب في هذه المادّة مرسِّبٌ إجمالًا. فما جدوى أجمل الخطابات الفلسفيّة التي تشيد بكرامة الإنسان السامية إن لم تكن لا مبشِّرةً بالكرامة وحسب، بل حاملةً للكرامة لكلِّ كائنٍ إنسانيّ وللبشر أجمعين؟! الفيلسوف، كأنّما على الرغم منه، لكنْ ليس كُرهًا، مناضلٌ مطلوبٌ للجنديّة: إنّه متورّط... وإذا تهرَّب، يكون هروبُه أشبه بالفرار. على الإنسان-الفيلسوف، بعد أن يتدرّب في غرفته على الصفحة البيضاء (أو على الشاشة الرماديّة)، أن يذهبَ لامتحان معنى كلماته على الساحة العامّة، مواجِهًا بجسمه الناسَ الآخرين وخائضًا في الأحداث. لا مناص له من وضع كلماته موضع الفعل، مثلما يلحِّن الشاعرُ الموسيقار كلماتِه لكي يكتب أغنيتَه. عليه أن يُعرِّضَ كلماتِ جُمَله لمخاطر الصراع؛ عليه أن يقولَ كلماتِ مؤلَّفاته وسط مخاطر العمل.

بهذا تنتسج فلسفةُ اللاعنف عبْرَ حركةٍ مكّوكيّةٍ دائمةٍ بين النظر والعمل، وكلٌّ منهما لا يني يغتذي بالآخر. ولهذا تقصّدتُ أن أضمّ في مجموعة واحدة عناصرَ «مقالة فلسفيّة» و«موجز عَمَليّ». أردتُ أن

---

[5] نفس المصدر.

أعلّق الأهمّيةَ نفسَها على وضع المفاهيم التي تتيح التنظير في اللاعنف وتعيينها وعلى وصف المناهج التي تتيح تنظيم عمل لاعنفيّ وتبيانها. وبهذا أردتُ، في مفردات هذا المعجم، على الرغم من أنّ دلالاتها تندرج في نطاقين مختلفين، أن أمازج بين المصطلحات الفلسفيّة والمصطلحات الفنّية، سعيًا إلى تكوين كلٍّ متجانسٍ ومتماسك.

سأجتهد، في ثنايا هذه الصفحات، في وضع خلاصة شخصيّة لنيّفٍ وخمسٍ وثلاثين سنةً من التفكير في ظروف اللاعنف وملابساته. أنا لست «غير عنيف»، ولست «لاعنفيًّا»؛ لست من «أتباع» اللاعنف ولا من «دعاته». أودُّ فقط أن أقول إنّني صديق للاعنف، مثلما يحلو للفلاسفة أن يقولوا عن أنفسهم إنّهم «أصدقاء للحكمة». وفي المحصّلة، فإنّني أعتبر اللاعنف وصيد الحكمة. كذلك سعيتُ جاهدًا، على مرِّ هذه السنوات من التفكّر، بقدر ما أوتيت من إمكانيّات، أن أعمل؛ إذن فأنا «مناضل» في سبيل اللاعنف. إنّ للمناضل أحيانًا سمعةً سيّئةً كناشطٍ عاجز عن اتّخاذ مسافة بينه وبين عمله؛ إذ يُشتبَه في أنّه من الإفراط في تقرير أفكاره بما يجعله غير قادرٍ على إعمال فكره دون أفكار مسبقة. وبهذا يروَّج للفكرة المتناقضة التي مُفادها أنّ مناضل اللاعنف ليس في وضعٍ يجيز له التنظير حول اللاعنف. بخلاف ذلك، أعتقد أنّه يجب على المنظِّر اختبار اللاعنف، أي اختبار العمل اللاعنفيّ، لكي يبلغ بالنظر في اللاعنف حُسْنَ الختام. فمَن يبقَ خارج العمل اللاعنفي فلن يرى سوى حدوده وسيعجز عن فهم ديناميَّته الداخليّة التي تحبوه قوَّته. أزعم، إذن، أنّ تنظيري في اللاعنف متأصّلٌ في خبرتي كمناضلٍ لاعنفيّ».

العصيان المدنيّ
Civil Disobedience / La Désobéissance Civile

منذ سقراط والمسيح إلى هنري دافيد تورو (H.D.Thoreau) والمهاتما غاندي ومارتن لوثر كينغ، شكّل النضال السلميّ للدفاع عن مبادئ جديدة أو حقوق أساسيّة منتهكة، وسيلةً رئيسيّةً من وسائل التغيير ورفع الظلم والحدّ من الطغيان والاستغلال والاستعمال الرديء للسلطة.

يعود مصطلح العصيان المدنيّ إلى الكاتب الأميركي هنري دافيد تورو (1817-1862) الذي خصّص له كتابًا بالعنوان نفسه عام 1849: Civil Desobedience. وفي هذا الكتاب يلخّص وجهة نظره بالقول: «إنّ الواجب الوحيد الذي أملك الحقّ في قبوله هو أن أفعل في كلّ لحظة ما أعتقد أنّه عادل، إنّ التصرّف بعدلٍ أكثر مدعاةً للاعتزاز من إطاعة القانون».

يأخذ العصيان المدنيّ طابعًا خاصًّا ومتميّزًا عندما يأتي في سياق خرق قوانين ظالمة أو قوانين وُضعت لحماية ممارسات جائرة وغير أخلاقيّة. ومن هنا كان العصيان المدنيّ صيغة احتجاجٍ لاعنفيّة علنيّة مدروسة ومتعمّدة لخرق القانون أو القواعد أو النظام، بما في ذلك ما يصدر عن الحكومات أو المحاكم أو البوليس أو ضبّاط الجيش. ومن حيث الشكل، فإنّ القيام بعملٍ كهذا يُعدّ خرقًا للقانون ويستوجب عقوبة. إلّا أنّ السؤال المطروح في حالات العصيان المدنيّ الفرديّة والجماعيّة: هل القانون الذي يجري اختراقه مقبولٌ أخلاقيًا ومنسجمٌ إنسانيًا مع المبادئ والقيم العامّة للعدالة العالميّة والشرعة الدوليّة لحقوق الإنسان؟ فما معنى احترام القانون الإسرائيليّ الذي ضمّ هضبة الجولان ومدينة القدس العربيّة بينما القانون الدوليّ والهيئات الدوليّة الكبرى ولجنة حقوق الإنسان والأغلبيّة الساحقة لدول العالم تستنكر

هذا الضمّ؟ ما معنى احترام قرار محكمة أمن الدولة بالسجن على مناضل لمدّة عشر سنوات لمجرّد دفاعه عن حقوق الآخرين؟ ما معنى قبول احتلال أندونيسيا وضمّها لتيمور الشرقيّة؟ ما معنى السكوت عن القوانين التي تفرضها قوّات الاحتلال في مكانٍ ما، مهما كانت ذريعة المحتلّ؟ باختصارٍ شديد: ما معنى القبول بمبدأ الامتثال للسلطة التي لا تحترم حقوق الإنسان وتؤكّد بممارساتها اليوميّة إنكار أيّ حقٍّ من حقوق الاحتجاج والنقد والاعتراض في ظلّ القانون؟

لا شكّ في أنّ هذه الأسئلة كانت شاخصة أمام قيادة العاميّات الشعبيّة المناهضة لروما في القرن الخامس للميلاد، كذلك في مقاومة الهولنديّين السلميّة للاستعمار الإسبانيّ في القرن السادس، وعند امتناع الأميركيّين عن دفع الضرائب والديون وعن استيراد البضائع من إنكلترا في 1766، وفي حركة الصحف اللندنيّة التي باشرت نشر التقارير البرلمانيّة الممنوعة بين عامي 1768 و1771، وفي التمرّد اللاعنفيّ على القيصر قبيل ثورة أكتوبر 1917، وفي مسيرة الملح الشهيرة لغاندي والمقاومة الهنديّة التي قدّمت للعصيان المدنيّ ضدّ الاحتكار البريطانيّ في 1930-1931، وحملة المناضلين ضدّ قوانين الفصل العنصريّ «الأبارتايد» (Apartheid) في 1951.

لم يكن العصيان المدنيّ سلاح الجبناء كما يصفه بعض أنصار العنف، بل كان يتطلّب دائمًا شجاعةً متميّزة وتضحيات عالية، وخاصّةً أنّه في معظم حالاته، هو صيغةٌ للمواجهة المباشرة بين الأعزل أكان فردًا أم شعبًا وبين مؤسّسة مدجّجة بالسلاح والقوانين الجائرة. كذلك لا يمكن اعتبار النتائج المترتّبة عليه أقلّ أو أكثر أهميّة من اللجوء إلى وسائل أخرى للنضال، كما في استقلال الهند والقضاء على القوانين العنصريّة في الولايات المتّحدة الأميركيّة وسقوط نظام الحزب الواحد في تشيكوسلوفاكيا. ويمكن القول إنّه باستثناء تجربة غاندي، كان من

الصعب تقديم برنامج عمل مسبق في العديد من التحرّكات التي تنضج في معمعان النضال.

تطرح مشكلة اللاعنف والعصيان المدنيّ قضيّة الطاعة والإذعان للسلطة. وهي تتطلّب تفكيك مفهوم الطاعة وإعادة طرح السؤال حول العلاقة بين السلطة السياسيّة والمواطن باعتبار أنّ أيّ حكومة إنّما هي تعبير لممارسة السلطة لبشر على بشر، وبالتالي فهي تحمل كلّ المواصفات العاديّة للإنسان في ضعفها وقوّتها، في إمكان الخطأ والصواب، الجنوح والاعتدال، الظلم والعدل... إنّها في أكثر الحكومات طغيانًا مضطرّة لأن تأخذ في الاعتبار قضيّة الجمهور وإرادة الناس وضرورة الحصول على نسبة تمثيليّة ما مهما كانت محدودة. ومن الضروري في بلدانٍ صمّت آذانها بأطروحة ابن تيميّة «ستّون عامًا من إمام جائر خيرٌ من عام بلا إمام»، أن تعيد النظر في مفهوم السلطان والسلطات والإرث الثقافيّ السياسيّ. في تعداده لأسباب الطاعة، يذكر جين شارب: «العادة، الخوف من العقوبات، الالتزام الأخلاقيّ، المصلحة الشخصيّة، التماهي النفسيّ مع الحاكم، اللامبالاة، انعدام ثقة المواطنين بأنفسهم». بتعبيرٍ آخر، نحن أمام رعيّة ولسنا أمام مواطنين في الصفّ الشعبيّ، بينما معسكر الحاكم مدعّم بجيشٍ حقيقيّ من الأتباع والموظّفين والعملاء. إنّ هذا الخلل هو الذي يعزّز بقاء الأنظمة التسلّطيّة في عالمنا.

هناك سؤالٌ يطرح نفسه في قضايا العصيان المدنيّ: هل يجوز العصيان في بلدٍ ديمقراطيّ تعدّديّ إن كان جواب الديمقراطيّين الراديكاليّين بنعم دون أيّ تحفّظ منذ أكثر من قرن؟ فقد طُرح السؤال بشكلٍ حادّ سواء في التجربة الأوروبيّة لحقوق الإنسان أو أثناء قيام حركات عصيان مدنيّ في الغرب. ولعلّ النقاش الذي دار في 1983 بشأن حركة السلام في ألمانيا الغربيّة وقتئذٍ من أهمّ وأنضج ما عرفت الأدبيّات السياسيّة الغربيّة. وكما ينوّه أوجين هابرماس، فإنّ أنصار السلام بحركتهم

لم يحقّقوا قطيعةً مع الثقافة السياسيّة في ألمانيا فحسب، بل حقّقوا أيضًا قطيعةً مفهوميّة بإدخال العصيان السياسيّ إلى فضاء دولة القانون. وفي الواقع، نجح هؤلاء في كسر النظرة الإيجابيّة للقانون وصنميّة السلطة عند عددٍ كبيرٍ من الحقوقيّين الذين أعمتهم فكرة احتكار الدولة لرسم معالم الحياة وخيارات المستقبل. يقول هابرماس في ذلك: «لقد عوّدت ممارسات التظاهرات الأخيرة الناس على مفهوم العصيان المدنيّ، المأخوذ من النموذج الأميركيّ، هذا المفهوم الذي يعرّفه فيلسوف الأخلاق جون راولز في كتابه «نظريّة العدالة» بالقول: «عملٌ عامّ، غير عنيف، مقرّر عن سابق إصرار واعٍ، مخالف للقانون في محاولة لتغيير القانون أو سياسة الحكومة»». إنّ مفهوم العصيان المدنيّ يطرح فكرة أساسيّة تقوم على نسبيّة مفهوم القانون وضرورة امتلاك نظرة ديناميّة للمجتمع والحقوق تُذكّر دائمًا بأنّ الاعتبارات التي تصنع القانون نفسه ليست بالضرورة ودائمًا، وليدة مفهوم أخلاقيّ وعادل عند المشرّع. صحيح أنّ هناك إنجازات أساسيّة قد تحقّقت في هذه البلدان، إلّا أنّ من الملاحظ والمعروف أنّه في هذه الديمقراطيّات الشكليّة ما زالت تُرتكب انتهاكات عديدة مباشرة وغير مباشرة لحقوق الإنسان، وما زال ثمّة تمييزٌ بين المواطن والمهاجر، وثمّة تعارضٌ بين الشرعة الدوليّة لحقوق الإنسان والقانون المحلّي... إلخ. ومن الصعب إدانة أيّ عصيانٍ سلميّ للدفاع عن مبدأ أساسيّ لحقوق الإنسان، فلولا اعتصام المحرومين من الأوراق في كنيسة سان برنار الفرنسيّة في 1996 لضاع حقّهم في معمعة تطبيق القوانين الجائرة ضدّ الأجانب. فما زال منطق الدولة أقوى من منطق الحقّ، والمصلحة المباشرة والضيّقة للحكم سابقة لمنطق احترام الكائن البشريّ. ولأنّ نظرتنا للحرّيات الأساسيّة وحقوق الإنسان هي نظرة إلى سيرورة حركيّة وغير منجزة، ما زالت أشكال النضال السلميّة جميعها مشروعةً في عالم لم يعتبر بعد العدالة بين البشر همًّا مركزيًّا.

منذ 1996 وعبر متابعة نماذج الانتقال من الحكم التسلّطيّ في أوروبا الشرقيّة والعديد من بلدان أميركا اللاتينيّة، وانطلاقًا من تشخيص حقبة العولمة المتوحّشة، التي أصبح التدخّل فيها من قبل الأقوى منّةً و«عدالة»، والفقر والجهل والتبعيّة من قبل الأضعف ضرورةً من ضرورات استمرار المنظومة العالميّة، كان الاستنتاج الأوّل لكاتب هذه الأسطر، أنّ العنف، كوسيلةٍ لنضال المقهور والمقموع، أصبح إحدى وسائل تعزيز ضعفه وارتهانه، وصار السلاح أحد محطّمي المناعة الذاتيّة للشعوب وتمدّنها. من هنا بداية مقالات من منصف المرزوقي وأنا نفسي حول المقاومة المدنيّة واللاعنف من أجل الديمقراطيّة وضمان الحقوق الأساسيّة للإنسان والبيئة. وقد اصطدم هذا الموقف بموقف الإسلاميّين، من جهاديّين وإخوان، ومن دعمهم من البلدان الغربيّة والخليجيّة في عمليّة تسليح الحراك المدنيّ السلميّ في سوريا وليبيا واليمن والعراق. ليأتي المثل الحيّ على صحّة أطروحتنا، في أنّ العنف يستجلب التبعيّة ويحطّم النسيج الاجتماعيّ والبنيات التحتيّة، ويحوّل قطاعات واسعة إلى لاجئين ومشرّدين، ولكن أيضًا إلى شبّيحة وبلطجيّة وتجّار حرب.

مارتن لوثر كينغ (1929-1968)

M. L. King

في 1948، كان من غير المتصوّر رؤية شخص أسود البشرة على رأس الوفد الأميركيّ إلى «لجنة حقوق الإنسان» التي تتولّى إعداد الإعلان العالميّ لحقوق الإنسان. فقد كان التمييز العنصريّ حقيقةً موجودة في قانون وواقع الولايات المتّحدة الأميركيّة. ولعلّ قبول فكرة المساواة بين البيض والملوّنين، كان من أبطأ عمليّات الحصول على الحقوق

المدنيّة في بلدٍ أقرّ العديد من هذه الحقوق منذ الاستقلال. ورغم وجود منظّمات متعدّدة للحقوق المدنيّة منذ بداية القرن، كان فتح هذا الملفّ بقوّة وفاعليّة، محصّلة نضال المواطنين السود في لحظة تاريخيّة هامّة وظروف مؤاتية وقيادة قسّ شابّ يُدعى مارتن لوثر كينغ، دخل اسمه التاريخ باعتباره رمزًا لتحرير الولايات المتّحدة من إحدى أهمّ عوراتها.

وُلد مارتن لوثر كينغ الابن في أتلانتا لعائلة متديّنة: أب قسّيس وأمّ مدرّسة. وقد عاش في فترة نشأته حياةً عاديّة كابن لعائلةٍ من الطبقة الوسطى، درس اللاهوت عوضًا عن العلوم الدنيويّة، وحصل على الدكتوراه فيها في بوسطن سنة 1955. تعرّف أثناء دراسته إلى كورتيا سكوت وتزوّجا في 1953 وكانت ثمرة زواجهما أربعة أطفال.

رغم اهتمام كينغ المبكر باللاعنف وإعجابه الكبير بالمهاتما غاندي، لم يدخل الحياة النضاليّة ضدّ التمييز العنصريّ إلّا بعد حادثٍ رمزيّ وضع حدًّا لأشهُرٍ هادئة، ألقى على إثره عظاته في الكنيسة المعمدانيّة في مدينة مونتغمري. ففي الأوّل من كانون الأوّل/ديسمبر من عام 1955، جلست امرأة سوداء البشرة في المقعد الأماميّ لحافلة خُصّصت مقاعدها الأماميّة للبيض. وعند اعتقال البوليس لهذه المرأة، قام الفرع المحلّي لـ«الجمعيّة الوطنيّة لتحسين أوضاع الملوّنين» (NAACP) بحملةٍ للدفاع عن الضحيّة، ولم يتوقّف نشاط الجمعيّة عند الإفراج عنها بل قرّرت تنظيم حركة مقاطعة لكلّ الحافلات التي تميّز بين الركّاب البيض والركّاب الملوّنين. ترأّس كينغ جمعيّة محليّة في مونتغمري (MIA) قامت مع قادة الحركة السلميّة (Fellowship of Reconciliation) بدورٍ هامّ في تحويل الحادثة إلى قضيّة على الصعيد القوميّ. كان لسمعة كينغ وذكائه وبُعد نظره دورٌ هامّ في مسلسل الأحداث. وبعد عام، أعلنت المحكمة العليا أنّ إجراءات التمييز العنصريّ في المواصلات في آلاباما غير قانونيّة (تشرين الثاني/نوفمبر 1956).

مع هذا النصر القانونيّ وجد مارتن لوثر كينغ الفرصة سانحةً لتأسيس مؤتمر القيادة المسيحيّة الجنوبيّة في مطلع 1957 الذي ركّز حتى 1966 على النضال من أجل الحقوق المدنيّة في الجنوب. في 1959، وبعد زيارةٍ للهند، دعم كينغ تشكيل «لجنة التنسيق الطّلابي لمناهضة العنف» (SNCC) التي قامت بتنسيق التجمّعات السلميّة للطلبة في المطاعم والمحالّ التجاريّة الكبيرة. وقد فتحت تعبيرات النضال الميدانيّة هذه النقاش واسعًا بين اتّجاهٍ اعتبر اللاعنف تكتيكًا ضروريًّا فيما دافع اتّجاه آخر، يُعدّ كينغ من أبرز رموزه، عن اللاعنف كفلسفة في الحياة.

قاد كينغ أهمّ التحرّكات السلميّة في الستينيّات. وعندما اعتُقل في 1963 أرسل «رسالة من سجن برمنغهام» يشرح فيها المبرّرات الأخلاقيّة لمناهضة القوانين الجائرة. وفي السنة نفسها شارك في التظاهرة الضخمة التي جرت في 28 آب/أغسطس في واشنطن، حيث ألقى خطابه الشهير وقولته المأثورة: «لديّ حلم» (I Have a Dream).

إنّها جملة الحلم الذي يبعث الأمل بعالمٍ تسوده الحريّة والعدالة للجميع، وتتكرّر كلّما ذُكر اسمه. في نهاية 1963 حاز كينغ جائزة «نوبل» للسلام، وسنّ الرئيس كينيدي قانونًا للحقوق المدنيّة لكنّه لم يدخل حيّز التنفيذ إلّا بعد اغتياله أي في عهد خليفته جونسون.

عام 1967، وقف مارتن لوثر كينغ بحزمٍ ضدّ حرب فيتنام مع استمرار النضال من أجل حقوق الأفارقة الأميركيّين. لقد أعطى حركة السود في أميركا شرعيّةً في صفوف البيض، كما لاقت القضيّة تأييدًا عالميًّا واسعًا. إلّا أنّ الحركة نفسها كانت منقسمة بين أنصار اللاعنف ورمزهم كينغ، وأنصار اللجوء إلى كلّ وسائل النضال ممّن حملوا شعار السلطة السوداء الذي أطلقه ستوكلي كارمايكل في الجنوب. هناك الكثير من الراديكاليّين يحمّلون كينغ مسؤوليّة هذا الخلاف، لإصراره على التآخي والانسجام بين الأعراق رغم ظروف استغلال السود في

الولايات المتّحدة. اعتبر كينغ الحقوق المدنيّة والسياسيّة الأساس المناسب للنضال من أجل مواجهة الفقر. وانسجامًا مع وجهة النظر هذه، بدأ بالتحضير لـ«مسيرة الشعب الفقير» في 1968. لكن خلال إحدى جولاته الهادفة إلى جمع تأييد شعبيّ لفكرته تلقّى رصاصة من قاتل أبيض في الرابع من نيسان/أبريل في ممفيس. وقفت أميركا مشدوهةً أمام خسارة كينغ وفي أذهان الجميع الشعار الذي أطلقه مالكولم إكس: إمّا التصويت أو الرصاص (The ballot or the bullet)، إذ لا يمكن لأحدٍ أن يقدّر نتائج خيار العنف في بلدٍ كالولايات المتّحدة الأميركيّة. كلّ ما كان كينغ يحتاج إليه ربّما هو مقاسمته الحكمة وحسّ العدالة، لا البكاء الانتهازيّ عليه على حافة قبر.

محمد مندور (1907-1965)

Mohamed Mandour

لا يمكن لحركةٍ أن تنمو وتنضج إذا تناست روّادها وعمالقتها الذين رصفوا الطريق في اللحظات الصعبة: لحظات الاكتشاف والبدء، لحظات التأمّل والنقد، ولحظات الأخذ والإغناء. في كلّ هذه اللحظات نكتشف شخصيّة محمّد مندور ودوره الكبير في ولادة نمط تفكير حقوقيّ عالميّ النزعة تحرّريّ الطابع، يجمع بين الاهتمام بحقوق الأفراد وحقوق الجماعات، ويرفض النظرة الاستعلائيّة للسيطرة الغربيّة، كما يُدرك تلك الصلة الحيّة بين الديمقراطيّة السياسيّة والإصلاح الاقتصاديّ والاجتماعيّ.

وُلد مندور لأسرةٍ فلّاحيّة في كفر أبو مندور في محافظة الشرقيّة عام 1907. درس الحقوق والآداب في جامعة فؤاد الأوّل (القاهرة اليوم) حيث أتيحت له مبكرًا فرصة الاحتكاك بعمالقة الأدب العربيّ. تنبّه طه حسين إلى طاقاته، فأرسله لدراسة الدكتوراه في الآداب في باريس عام

1930، إلّا أنّه تابع مسيرته المعرفيّة المتعدّدة الميادين فدرس العلوم القانونيّة والاقتصاديّة والإنسانيّات. لكنّه اضطرّ للعودة قبل إكمال مشاريعه، بسبب اندلاع الحرب العالميّة الثانية بعد 9 سنوات.

نال الدكتوراه من «جامعة فؤاد الأوّل» عن أطروحته «النقد المنهجيّ عند العرب في القرن الرابع الهجريّ» بإشراف الأستاذ أحمد أمين. كان خصب الإنتاج والكتابة فنشر في الأدب والسياسة والاجتماع. أدرك أنّ العمل الأكاديميّ أضيق من طاقاته، فترك التدريس الجامعيّ في 1944 ليتفرّغ للعمل النضاليّ والصحافة. كتب في «المصري» و«الوفد المصري» و«صوت الأمّة» ثمّ أصدر مجلّة «البعث»، كما افتتح مكتبًا للمحاماة ليبقى وثيق الصلة بالقضايا الحقوقيّة. تجمّع حوله الجناح التقدّميّ في «حزب الوفد» في ما عُرف بالطليعة الوفديّة التي كان مع الدكتور عزيز فهمي من روّادها. انتُخب عضوًا في مجلس النوّاب عن دائرة الوايلي في القاهرة عام 1950، وبعد حركة يوليو 1952، أصدر صرخة الاستقلال الثاني، في كتابه «الديمقراطيّة السياسيّة» مقدّمًا النصح للضبّاط الأحرار حول العلاقة العضويّة للتحرّر الوطنيّ بالديمقراطيّة: «لا تعرف وسيلة لتحقيق سيادة الأمّة غير إطلاق حرّياتها، بحيث يستطيع كلّ مواطن أو كلّ جماعة من المواطنين أن يبدوا آراءهم، وأن يدلوا بها بحرّية عن طريق الاجتماع والخطابة والنشر والتظاهر السلميّ، والحقّ في الامتناع عن العمل حتى لا يصبح الإكراه على الاستمرار فيه نوعًا من السخرة البغيضة». بعدها كثّف جهوده في النقد الأدبيّ والمسرحيّ والفكر السياسيّ والترجمة عن الفرنسيّة. وقد أنهكه المرض، إلّا أنّه تابع نشاطه المتعدّد الجبهات ودرّس الأدب والنقد الأدبيّ في جامعتي القاهرة والإسكندريّة والمعهد العالي للصحافة والمعهد العالي للدراسات العربيّة والمعهد العالي للفنون المسرحيّة. ترك مؤلّفات هامّة في النقد

الأدبيّ والأدب وفنونه ومذاهبه وفي الشعر المصريّ والمسرح والترجمة كما في تعريبه لـ«تاريخ إعلان حقوق الإنسان» لألبير باييه.

لم تكن حياة مندور مرصوفةً بالسجّاد. يصف الضغوط التي عاشها في الأربعينيّات بسبب مواقفه الوطنيّة الديمقراطيّة بالقول: «كنت أتحمّل مسؤوليّة المعارضة في الوفد مسؤوليّة المعارضة كلّها، وذهبت بسبب كتاباتي إلى الحبس الاحتياطيّ ما يقرب من عشرين مرّةً بين عامي 1945 و1946، حتى كانت الحملة البربريّة التي شنّها إسماعيل صدقي في تمّوز/يوليو سنة 1946 باسم محاربة الشيوعيّة، إذ أغلق ذات مساء 12 جريدة ومجلّة، وأطلق رجال البوليس في ظلام تلك الليلة ليلقوا القبض على مئتين من الكتّاب والصحفيّين، كنت من بينهم».

خاض مندور معركة الجبهة الديمقراطيّة على الصعيد العالميّ في وجه الفاشيّة أثناء الحرب، وما إن سقطت برلين حتى بدأ حملته ضدّ الحكومات الغربيّة التي لم تفِ بتعهّداتها ووعودها بالاستقلال للدول المستعمرة فكتب عن «معركة السلام» في جريدة «الوفد المصري» (1945/5/8) يقول:

«لقد ألغي منذ قرن رقّ الأفراد، وبقي أن يُلغى رقّ الأمم، ومظاهر هذا الرقّ هي: الاستعمار، والانتداب، والوصاية، والإشراف، والنصح، وضرورة بقاء الجند للمحافظة على السلام في بعض الجهات ضدّ خطر غير موجود (...). لقد ابتهجنا بانتصار الديمقراطيّة في الحرب، وبقي أن نبتهج لانتصارها في السلم».

وعلى الجبهة الداخليّة أكّد باستمرار على حقوق المواطن كأساسٍ لأيّ مفهوم للوطن والأمّـة، وكان يعني بهذه الحقوق التعليم ومحو الأمّية والعلاج كما يعني الحرّيات الأساسيّة. وفي 1947، إثر أحداث 1946 والاعتقال، عاد ليؤكّد في الصحافة: «ما زلنا نؤمن ويؤمن معنا كلّ من يقدّر أنّ للبشر كرامةً وللإنسانيّة معنى بأنّ حقوق المواطن هي

الهدف النهائيّ لكلّ جهاد ولكلّ وطنيّة ولكلّ حياة». وقد أكّد باستمرار دور الاستعمار في الحؤول دون تقدّم البشريّة وضرب حقوق الإنسان والشعوب ووصل به التحليل للقول «الاستعمار إذن هو أسّ الأدواء كلّها، وعلى الدول الاستعماريّة أن تفهم أنّ من العار على الإنسانيّة أن يظلّ الاستعمار موجودًا حتى اليوم. ولقد تخلّصت الإنسانيّة من رقّ الأفراد وبقي أن تتخلّص من استرقاق الشعوب. وإن كانت الاتّفاقيّة الدوليّة التي حرّمت شراء وبيع البشر كعبيد وُقّعت في منتصف القرن الماضي، فويلٌ للإنسانيّة إن كان قرنٌ آخر لم يكفِ لكي تصل إلى الاتّفاق على تحريم استرقاق الأمم، وذلك مع العلم بأنّ هذا الاسترقاق هو أصل البلاء الذي تكتوي به تلك الإنسانيّة سيّدةً ومستعبدة – في تلك الحروب الطاحنة التي لا تنتهي، والتي تستهلك من الأنفس والأموال ما لو توفّرت على أعمال الإنتاج السلميّة لعاش الجميع في رخاء واطمئنان». (1947/6/2).

في 1948 كتب إثر اغتيال المهاتما غاندي أكثر من مقال عنه وتوقّف كثيرًا عند مقاله «المنبوذون» الذي اعتُبر وصيّته السياسيّة، مؤيّدًا دعوته السلميّة إلى الاستقلال الاقتصاديّ والعدالة لا فقط السياسيّ.

المهاتما غاندي (1869-1948)
Mahatma Gandhi

وُلد موهنداس كرمشاند غاندي في 2 تشرين الثاني/أكتوبر 1869 في مدينة بورباندار، تزوّج في 1882 كايستوربا ماكانجي وكانا في الثالثة عشرة من العمر. ومنذ سنّ مبكرة ربطته علاقة وطيدة مع النباتيّين. توجّه إلى إنكلترا لدراسة القانون في نيسان/أبريل 1888، ومارس المحاماة في مدينة بومباي لعهدٍ قصير ثمّ انتقل إلى جنوب أفريقيا مستشارًا قانونيًّا في «شركة دادا عبد الله وشركاه» في دوربان، فأقام فيها بين

1893 و1914. وخلال هذه الفترة توطّدت علاقاته بأشخاص من مختلف الأديان والألوان وأصبح مدافعًا عنيدًا عن قضيّة المهاجرين الهنود ضدّ التمييز العنصريّ. وهناك طوّر أسلوبه في المقاومة السلبيّة كما سمّاها أوّل الأمر وفي مسيرات الاحتجاج. وقد نظّم في 16 تمّوز/يوليو 1908 تجمّعًا في جوهانسبرغ حيث أحرق قرابة ألفي هنديّ بطاقات تسجيلهم في البلاد. في تشرين الثاني/نوفمبر 1913 سار مع ألفي عامل مناجم منهم مئة امرأة وخمسون ولدًا عشرة أيّامٍ متتالية احتجاجًا على ضريبة الإقامة، قبل أن يتمّ، في 30 حزيران/يونيو 1914، التوقيع على اتّفاق «سماتس» في جنوب أفريقيا.

بعد عودته إلى الهند باشر أشكالًا متعدّدة من النضال السلميّ مع الفلّاحين في مقاطعة بيهار والعمّال في أحمد أباد، وكان ينصح بالإضراب عن العمل والصوم ويطبّقهما. في 13 نيسان/أبريل 1919 وقعت مجزرة أمريتسار حيث هاجم الجيش التظاهرة السلميّة فسقط 379 قتيلًا و1137 جريحًا، وكان لها أثرٌ هامّ في بلورة الخطوط الكبرى لعدم التعاون مع الإنكليز، التي نشرها في 11 تمّوز/يوليو 1920 وتبنّاها حزب المؤتمر بعد أشهر. بدأت عندها مقاطعة كلّ ما هو إنكليزي، وأعيد استعمال العجلة والنول ليصنع كلّ امرئ ثيابه، وعندما تدخّلت أيادٍ خبيثةٌ لبثّ الفرقة بين المسلمين والهندوس، أمر غاندي بوقف حركة العصيان المسلّح. اعتُقل في 1922 وحُكم بست سنوات قضى منها اثنتين. خرج من سجنه ليُضرب عن الطعام 22 يومًا احتجاجًا على الخلافات بين الهندوس والمسلمين ومن أجل الوحدة بينهما. اشترك في مؤتمر الطاولة المستديرة في لندن من أجل استقلال بلاده. اعتُقل في 1932، فصام في السجن احتجاجًا على نظام الفئة (الكاست) الذي ينبذ «الداليت» (Dalits) من المجتمع

ويُحرّم لمسهم[6]. عاود الصوم بعد عامٍ من أجل إدخال هذه الفئة في النظام الانتخابي. في 1940 رفض تشرشل استقبال من سمّاه «الفقير العاري»، ومنذ يومها تعمّقت القطيعة مع إنكلترا. شكّل في 1942 حركة «غادروا الهند» فاعتُقل على أثرها مع كلّ القادة الهنود وكذلك زوجته التي تُوفّيت في المعتقل في 22 شباط/فبراير 1944، إلى أن أُفرِج عنه بعد شهرين.

انقسم شبه الجزيرة الهنديّة مع الاستقلال إلى قسم بأغلبيّة هندوسيّة (الهند) وآخر بأغلبيّة مسلمة (باكستان) مع قسم متنازع عليه (كشمير). وقد جرت مواجهات عنيفة بين الهندوس والمسلمين احتجّ عليها غاندي بصيامه في كلكوتا في 1947، وأخيرًا بإعلانه الإضراب عن الطعام احتجاجًا على «المأساة الروحيّة» داعيًا إلى المصالحة بين المسلمين والهندوس في 12 كانون الثاني/يناير 1948. وقد وقّع ممثّلون عن الجماعتين اتّفاقًا بهذا الاتّجاه بعد ستّة أيّام. إلّا أنّ التطرّف عاد وضرب داعية السلم حيث أقدم متعصّب هندوسي على اغتيال من حارب كلّ أشكال العنف طيلة حياته في 30 كانون الثاني/يناير 1948.

أطلق الشعب على غاندي لقب المهاتما (أي الروح العظيمة) وقد حفر هذا الإنسان اسمه في تاريخ وحضارة الهند باعتباره رجل الإصلاح الهندوسيّ الذي زرع أسس تكسير نظام الفئة (الكاست)، وبشكل خاصّ المدافع عن حقوق الفئات المستضعفة والمحرَّم لمسهم. وكان له كبير الأثر في تعميق الوعي الشعبيّ لمفهوم العدالة الاجتماعيّة وتعزيز الأبعاد الإنسانيّة للثقافات الهنديّة. أمّا على الصعيد العالميّ، فتبقى

---

6 الداليت (Dalits)، يُطلق عليهم أيضًا اسم المنبوذين أو الهاريجان، هم مجموعات من الأفراد يُنظر إليهم، من وجهة نظر نظام الكاست، على أنّهم طوائف خارجيّة ومخصّصون للوظائف أو الحِرَف غير الطاهرة. الداليت موجودون في الهند، وكذلك في جميع أنحاء جنوب آسيا، وهم ضحايا لأشكال قاسية من النبذ والتمييز.

بصمات غاندي باعتباره رمزًا لاعتماد اللاعنف، وسيلةً راقيةً وفعّالةً للنضال الإنسانيّ سعيًا للخروج من البربريّة. يختصر غاندي منهجه في جملة جدّ معبّرة: «إنّ العصيان المدنيّ هو حقّ جوهريّ لكلّ مواطن بحكم مواطنيّته. فهو إن امتنع عن ممارسته كفّ عن أن يكون إنسانًا. وتجدر الإشارة إلى أنّ العصيان المدنيّ لا تستتبعه الفوضى على الإطلاق، فيما العصيان المجرم قد يؤول إلى ذلك».

التكفير

Takfir

هناك مفاهيم وكلمات تحمل في صلبها خمائر العنف. ومن الضروريّ تفكيكها لزعزعة الأطروحات التي تشكّل الحامية الأيديولوجيّة لكراهيّة الآخر والانتقام والقتل، لذا آثرنا تخصيص حيّزٍ لمحاكم التفتيش والتكفير والمحنة.

لماذا أُعدم ابن المقفّع وسجن حُنين بن إسحق ومتى مات ابن الراونديّ؟ كيف عاش جابر بن حيّان ولماذا سُجن وجُلد بختيشوع الطبيب؟ ما السبب الحقيقيّ لقتل الفيلسوف أحمد بن سهل والكاتب شيلمة ونُكِبَ البرامكة وقتل الكتّاب قمامة بن يزيد ومحمّد بن أحمد النسفيّ وأبو يعقوب السجزيّ والسهرورديّ؟ ما سبب تكفير أحمد الخزاعيّ والحلّاج ومحمّد بن جرير الطبريّ وابن رشد قديمًا وطه حسين وعلي عبد الرازق ومحمود محمد طه حديثًا؟ وهل يمكن الحديث عن حرّيّة الرأي والمعتقد وكلمات مثل التكفير والتخوين والانحراف والارتداد تعيش بيننا كسلاحٍ إرهابيّ يُشهر في وجه كلّ رأي مخالف وكلّ محاولة تجديدٍ وإبداعٍ في الفكر البشريّ؟

في جملة مركّزة معبّرة يتحدّث الإمام محمّد عبده عن التكفير بالقول: «إنّ الناس ولعوا منذ قرونٍ كثيرة، بأن يتّهموا بالكفر والإلحاد كلّ نابهٍ في العلوم العقليّة، بل كلّ مستقلّ في العلم لم يتّبع في جميع ما درجوا عليه من التقاليد الدينيّة. ولذا نبذوا بلقب الكفر والابتداع مثل: ابن سينا وابن رشد من الفلاسفة، وأبي الحسن الشاذلي ومحيي الدين بن العربيّ من الصوفيّة، ومثل الغزاليّ ممّن جمعوا بين الفلسفة والتصوّف».

التكفير كلمة أيديولوجيّة، بمعنى أنّها وسيلة من وسائل الدفاع عن منظومة مغلقة أو تعصّب أعمى لفكرةٍ بوجه كلّ ما يهدّد اطمئنانها للبلادة الذهنيّة التي يخلقها التطرّف أو توجدها المؤسّسة الأيديولوجيّة مع الزمن. فكلّ تعصّب يبحث عن أعداء يشكّلون كبش الفداء في مسيرته. وكلّ مؤسّسةٍ هي شكلٌ مقاومٌ للحركة والتغيير، وكلّما تشكّلت مؤسّسة بدأت بفتح باب «فتنة التجديد والإبداع» عبر الانجراف إلى موضوعة «ضرورة» تصفية الخصوم.

لم ينجح العقلانيّون المعتزلة في الشفاء من هذا الفيروس الخبيث عند وصولهم إلى السلطة. ويمكن القول، دون السقوط في التعميم، إنّ التكفير الإسلاميّ لا يختلف من حيث المبدأ عن التكفير المسيحيّ، ولا الدينيّ عن الدنيويّ. فالتصفيات الستالينيّة في العديد من مشاهدها تعيد إلى الأذهان محاكم التفتيش المسيحيّة في القرون الوسطى. ولا تنجو الأنظمة الليبراليّة من مهاول «التكفير»، فخلال قرابة 48 عامًا كان الهمّ الرئيسي لـج. إدغار هوفر (J. Edgar Hoover) رئيس الـFBI تصفية الشيوعيّين وأنصار السلم، لحدّ وصوله إلى أنّ خطر هؤلاء يفوق بما لا يقاس، مخاطر المافيا والجريمة المنظّمة في الولايات المتّحدة الأميركيّة. وليس ثمّة فارقٌ يُذكر بين الطالبان الأفغان في قندهار والطالبان اليهود في المستوطنات في نظرتهم إلى حقّ الاختلاف. وليس من الصعب أن نقرأ في أعماق كلّ تكفيرٍ أو تخوينٍ أو تحريفٍ للآخر، مصادرةً مطلقةً

لمفهوم الحقّ وشعورًا ضمنيًا بالتفوّق يرفع عن النفس عقدة الذنب التي ترافق وحشيّة أساليب تصفية الخصوم.

في الإسلام، يتّفق الأصوليّون والإصلاحيّون على أنّ آيات العقيدة لا تُنسخ مع الزمن. وقد خيّرت الآيات القرآنيّة البشر بين الإيمان والكفر: «وقل الحقُّ من ربّكم، فمن شاء فليؤمنْ ومن شاء فليكفر»، مع التأكيد على رفض الإكراه في المعتقد: «ولو شاء ربّك لآمَنَ مَن في الأرض جميعًا أفأنت تكره الناسَ حتّى يكونوا مؤمنين». وليس أدلّ على فداحة الثمن الذي دفعه المسلمون من قضيّة التكفير أنّ أحد أبرز رموز الإسلام في كلّ العصور، الإمام عليّ بن أبي طالب، كان ضحيّة التكفير ودفع حياته ثمنًا لذلك.

تصدّى العديد من المفكّرين المسلمين والفلاسفة لنهج التكفير، ومعروفٌ قول عليّ بن أبي طالب إثر معركة صفّين «قتلانا وقتلاهم في الجنّة». وقد أدان الحسن البصريّ القتل جملةً، وقال أبو بكر الرازي في الردّ على نهج تصفية الرأي المخالف: «إن سُئل أهل هذه الدعوى عن الدليل على صحّة دعواهم استطاروا غضبًا، وهدروا دم من يطالبهم بذلك، ونهوا عن النظر وحرّضوا على قتل مخالفيهم فمن أجل ذلك اندفن الحقّ أشدَّ اندفان وانكتم أشدَّ انكتام». وللفخر الرازي موقفٌ يدافع عن حقّ المناظرة والحوار والنقد دون تكفير أو إيذاء: «يجب على المحقّ استماع كلام المبطل والجواب عنه من غير إيذاء ولا إيحاش».

يوضح ابن عربيّ الخطر الكبير من العلاقة بين رجل الدين ورجل السلطة وانعكاس ذلك سلبًا على المعتقد بتوظيف الدين في خدمة السلطان: «واعلم أنّه لما غلبت الأهواء على النفوس، وطلبت العلماء المراتب عند الملوك: تركوا المحجّة البيضاء، وجنحوا إلى التأويلات البعيدة، ليمشوا أغراض الملوك فيما لهم فيه هوى نفس ليستندوا في

ذلك إلى أمرٍ شرعيّ، مع كون الفقيه ربّما لا يعتقد ذلك، وقد رأينا منهم جماعة على هذا من قضاتهم وفقهائهم».

وإن قلّت مصادر الدفاع عن حرّية الرأي في عصور الانحطاط، فقد عادت مع النهضة أصوات استنكار التكفير عند روّاد الإصلاح محمّد عبده والطاهر حدّاد ومحمود محمّد طه وعبد الله العلايلي، وعند من كانوا أنفسهم ضحيّة تُهم من هذا النوع كعليّ عبد الرازق وطه حسين. كذلك تصدّى جمال البنّا وأحمد صبحي منصور ومحمّد منير الإدلبي في أكثر من بحثٍ لقضيّة التكفير وحدّ الردّة. وفي دفاعه عن حريّة المعتقد والرأي يؤكّد الأستاذ البنّا فكرة مركزيّة وهي أنّ قضيّة الإيمان والكفر هي قضيّة شخصيّة لا تهمّ إلّا صاحبها بمعنى أنّها ليست من قضايا النظام العامّ، وبالتالي فلا تدخّل ولا إكراه عليها من أيّ جهة. كما أنّ الرسل ليسوا إلّا مبشّرين ومبلّغين وليس لهم سلطة الإكراه أو الجبر، فالهداية من الله تعالى وطبقًا لمشيئته والأنبياء أنفسهم لا يملكون هداية الناس لقوله تعالى «ما على الرسول إلّا البلاغ والله يعلم ما تُبْدون وما تكتمون»، وقوله تعالى «ليس عليك هداهم ولكنّ الله يهدي من يشاء». كما أنّ الاختلاف والتعدّد بين البشر ممّا أراده الله وممّا يفصل فيه يوم القيامة، إذ لا يوجد حدّ دنيويّ على الردّة. فقد ذكر القرآن الردّة مرارًا وتكرارًا من دون أن يفرض عقوبة دنيويّة عليها وهو يعطي مثالًا حالات عديدة ارتدّت في عهد النبيّ أفرادًا أو جماعات وبعضهم لعدّة مرّات فما قتل منهم أحدًا (ارتدّ اثنا عشر مسلمًا على عهد النبيّ خرجوا من المدينة إلى مكّة ما أُهدر دم أحدٍ منهم، وارتدّ عبد الله بن جحش فما أهدر دمه...). ويُظهر البنّا ضعف رواية الحديث «من بدّل دينه فاقتلوه»، وتناقضات عقوبة الردّة وعدم دخولها في الحدود وكيف أنّها شكّلت منزلقًا خطيرًا في التشريع. ويرفض نشطاء حقوق الإنسان في العالمين

العربي والإسلامي أيّ شكل من أشكال الإرهاب الفكريّ باعتباره يتعارض في الصميم مع دفاعهم المبدئيّ عن حقّ التعبير والاعتقاد والرأي.

لقد تلوّث الوعي الجمعيّ في الشرق بكلمة التكفير. وقد فاق الإسراف في استعمالها وتوظيفها ما عرفه المجتمع العربيّ و/أو الإسلاميّ في خمسة عشر قرنًا. ليس بالإمكان اعتبار جريمة تعميم التكفير جريمة داعشيّة أو قاعديّة[7]، فما زال ابن تيميّة يرتع بين ظهرانينا بمأثورته المجرمة «كلّ هذا شركٌ وضلال، يُستتاب صاحبُه، فإن تاب وإلّا قُتل». وما زال سيّد قطب مرجعًا لجيلٍ من التكفيريّين يحدّثهم بتعبيرات «موضوعيّة» عن جاهليّة مجتمعات العصر كافّة: «المجتمع الجاهليّ هو كلّ مجتمع غير المجتمع المسلم، وإذا أردنا التحديد الموضوعيّ قلنا: إنّه هو كلّ مجتمعٍ لا يخلص عبوديّته لله وحده، متمثّلة هذه العبوديّة في التصوّر الاعتقاديّ، والشعائر التعبّديّة، وفي الشرائع القانونيّة، وبهذا التعريف الموضوعيّ تدخل في إطار المجتمع الجاهليّ جميع المجتمعات القائمة اليوم في الأرض فعلًا». (معالم في الطريق).

ما زالت فتاوى التكفير تسرح وتمرح بيننا بحثًا عن قاتلٍ يسمّي تعطّشه للقتل جهادًا[8]، وما زلنا نجترّ أزمان البؤس والعنف دينًا وعقيدةً ونظامَ حياة.

في مصارحة جريئة لخالد غزال، يقول في مقاله «ابن تيميّة لا يكفّ عن قيادة المسلمين»: «لقد فضحت الانتفاضات العربيّة التجمّد عند

---

7 انظر للتوسّع في هذا الموضوع: هيثم منّاع، خلافة داعش، بيسان للنشر، 2015، ص 81 وما بعدها. صدر الكتاب بعدّة طبعات وباللغة بالفرنسيّة.

8 من الضروريّ اليوم طرح السؤال: من أعاد نشر ما كتبه هبة الله بن سلامة البغداديّ «الناسخ والمنسوخ»، والذي نسخ فيه هذا «الجاهل»، باستعارة وصف ابن الجوزيّ له، 144 آيةً قرآنيّة، هي آيات السلم وتكريم بني آدم كجنسٍ بشريّ والتسامح والتعايش مع الاختلاف بآية السيف؟ من وزّع فتاوى ابن تيميّة بالمجّان؟ من عمّم مجلّدات «فتاوى علماء نجد» التكفيريّة؟ من عمّم قاعدة «القاعدة»: من لم يكفّر الكافر أو شكّ في كفره فهو كافر؟ من أطلق فتوى الجهاد في بلاد الشام من القاهرة؟

مقولات فقهيّة تآكلت مع الزمن، لكنّها لا تزال حيّةً في كتب التعليم والإرشاد التابعة للمؤسّسات الدينيّة، بل ويجري فرضها بالقوّة في بعض الأماكن. إنّ هول ممارسات التنظيمات المتطرّفة التي أمكنها فرض سيطرتها، بما يرافقها من عنف وقتل وتدمير باسم الدين الإسلاميّ، قد دفع، بصعوبة، بعض القيّمين على المؤسّسات الدينيّة لإطلاق تصريحات مندّدة بالتصرّفات الجارية، نافيةً عنها انتسابها إلى الدين الإسلاميّ، لكن من دون أن تشير إلى أنّ هذا العنف يجد مرجعه في الفكر والفقه اللذين يجري تعليمهما وإنتاجهما في البلدان العربيّة على العموم. تحت ضغط المؤسّسة السياسيّة، صدرت تصريحات من مسؤولين في المؤسّسة الدينيّة في كلّ من مصر والمملكة العربيّة السعوديّة تناولت ممارسات «داعش». فقد صرّح شيخ الأزهر أحمد الطيب بأنّ عناصر «داعش» هم «مجرمون يخدمون الصهيونيّة، ويصدّرون صورة شوهاء عن الإسلام، وهم صنائع استعماريّة تعمل في خدمة الصهيونيّة»، وهو تصريحٌ يستعيد نظريّة المؤامرة الخارجيّة، لكنّه في حقيقته يتجاهل كون «داعش» وإخوته أبناءً شرعيّين لمجتمعاتنا العربيّة المنهارة ولامتناعها عن الحداثة والتحديث، وأبناء ثقافة مشبعة بفقه الكراهيّة المنتشر بقوّة في كتب الأزهر والمؤسّسات التابعة له. أمّا مفتي السعوديّة الشيخ عبد العزيز آل الشيخ فصرّح: «داعش فئةٌ ظالمة معتدية، ويجب على المسلمين قتالها إذا قاتلت المسلمين»، وهو تصريح يشي صراحةً بحقّ هذا التنظيم في قتال غير المسلمين، فيما لا يشير الشيخ الجليل إلى أصل المشكلة في صعود هذا التنظيم ومسؤوليّة المنظومة العقائديّة السائدة في بلده. فعلى سبيل المثال، جامعة الإمام محمّد بن سعود، وهي من أكبر الجامعات الإسلاميّة في العالم، تضمّ أكثر من عشرين ألف طالب يدرسون فيها الشريعة، وتحمل بعض رسائل الدكتوراه التي ينتجها طلّابها عناوين من قبيل: «النصيحة الإيمانيّة في فضيحة الملّة

النصرانيّة»، «أوجه الشبه بين اليهود والرافضة في العقيدة»، «منهج ابن تيميّة في مسألة التكفير»، «النوافض للروافض»، «صبّ العذاب على من سبّ الأصحاب»، «اليمانيّات المسلولة على الرافضة المخذولة»، «الحجج الباهرة في إفحام الطائفة الكافرة الفاجرة»، «بغية المرتاد في الردّ على المتفلسفة والقرامطة وأهل الإلحاد»، «الصواعق المحرقة في الردّ على أهل البدع والزندقة»، وغيرها من العناوين المتشابهة. فهل من عجب أن تخرج من جبّة هذه المؤسّسات الفكريّة تلك النماذج من المجاهدين؟» (النهار، 2014/09/20)

لقد وقعت جريمة إلغاء فكرة البراءة الأصليّة للمسلمين في وضح النهار المظلم. وأُدخل التكفير كمصطلح للشرّ السياسيّ المطلق في الأيديولوجيّات الجهاديّة والإسلامويّة من أوسع أبوابه. امتزج التكفير والعنف والتطرّف المذهبيّ بصناعة التوحّش في ظلّ صمت، وشبه تواطؤ، وكثيرٍ من النفاق الدينيّ والدنيويّ. لم يعد التكفير مجرّد وجهة نظر عقائديّة بينما في ذمّته اليوم دماء مئات الآلاف من البشر. ولا يمكن لقانون مدنيّ متحضّر أن يتعامل بخفّةٍ مع مفهومٍ بهذه الخطورة.

وحده تجريم التكفير في القوانين المدنيّة قادرٌ على ضمان حقّ الحياة وحريّة الاعتقاد والرأي والضمير.

المقاومة المدنيّة
Civilian Resistance / La Résistance Civile

بعدما كنّا جمع أنفار لا يتجاوزون أصابع اليد الواحدة، نتحدّث في المقاومة المدنيّة عشيّة ولادة «اللجنة العربيّة لحقوق الإنسان»، تحوّل هذا المصطلح، بفضل الشبيبة الثائرة في المنطقة العربيّة، في أسابيع قليلة، إلى المعبر الضروريّ من أجل اكتشاف الإنسان لقدراته

الذاتيّة، والتوقّف عن العزوف عن الشأن العامّ، واستعادة المبادرة وكسر الخوف وتثبيط القدرات المدمّرة لأخطبوط القمع في الدول التسلّطيّة والشموليّة.

انطلقت فلسفة المقاومة المدنيّة من ثلاث أفكار أساسيّة بسيطة:

الأولى: تقوم على أنّ تكريم الإنسان قضيّة مطلقة لا تخضع لزمانٍ أو مكانٍ أو جنسٍ أو مذهبٍ أو لون.

الثانية: اعتبار الإنسان كائنًا غير مكبّل بالبيولوجيا، أي إنّه يملك الإرادة الحرّة الضروريّة لتحديد موقف مستقلّ من ظروف وجوده البيئيّة والحياتيّة والمجتمعيّة.

والثالثة: تقول بأن الإسفنجة التي تمتصّ الماء من خارجها وتنتفخ قليلًا لا تتحوّل إلى ينبوع ماءٍ حيّ.

عندما نعتبر تكريم الإنسان قضيّةً غير قابلة للنقاش، فهذا يعني مناهضة أيّ تعرّض أو انتهاك لحقّ من حقوق الإنسان باعتباره اعتداءً على هذه الكرامة. ويحتّم أيضًا رفض أيّ حرمان أو إذلال أو ترويع أو ممارسة للتهديد والتنكيل بحقّ الأشخاص، لأنّ هذا يحرم الإنسان من التمتّع بمواطنيّته، أي من الأساس القانونيّ والأخلاقيّ لكرامته. هذا يعني عدم إخضاع الحقّ في سلامة النفس والجسد لحالة طوارئ أو استثناءات حرب. فالتعذيب جريمة في كلّ الظروف والأوقات، والحقّ في الإحضار أمام القاضي الطبيعيّ عند كلّ توقيف لا يجوز لأحد المسّ به، وضمان كلّ وسائل الدفاع عن الشخص والجماعة يُعدّ أساسًا لمراقبة تعسّفات النظام السياسيّ.

على هذا الأساس، لا يحقّ لأحدٍ حرمان أحدٍ من الحرّية، كما لا يحقّ لأيّ سلطةٍ حرمان الإنسان من حقوقه المدنيّة. لا يحقّ لأحد، بأيّ صفةٍ كان، أن يتجسّس على أحد، ولا يحقّ لأحدٍ التدخّل في الحياة الخاصّة

لأحد، ومن واجب كلّ إنسان التضامن مع أخيه الإنسان من أجل الخروج من حالة الاستبداد التي تتشارك فيها العلاقات العضويّة العصبيّة والثقافة التسلّطيّة وشبكة السيطرة الأمنيّة على مقدّرات الأشخاص والجماعات. لا يمكن التنازل عن أيّ حقّ ممّا ذكر، لأنّها الشروط الواجبة الوجوب لظروفٍ صحيّة للنضال من أجل الحقوق السياسيّة والاقتصاديّة والاجتماعيّة والثقافيّة والبيئيّة.

عالميّة المقاومة المدنيّة

Universality of Civil Resistance /
L'universalité de la Résistance Civile

إن كان القرن التاسع عشر سجّل حالة الوعي الكبيرة لدور الطبقات الاجتماعيّة في صناعة الحضارة في الغرب وتمكين التفوّق الغربيّ، بأشكال إيجابيّة كالنظام الديمقراطيّ وأخرى سلبيّة كالحملات الاستعماريّة، فإنّ القرن العشرين قد شهد إعادة تكوين طبقيّة ومجتمعيّة سمحت بنموٍّ كبيرٍ لهوامش جديدة للنضال خارج تعبيرات السلطتين الماليّة والسياسيّة في الغرب، ولم تلبث أن كوّنت من هذه الهوامش سلطة مضادّة حقيقيّة لتعسّف أشكال السلطة الأخرى. هذه الثورة السلميّة الصامتة سجّلت خلال قرابة مئة عام اتساع الفضاء المدنيّ غير الحكوميّ والتعبيرات المنظّمة للجمعيّات الأهليّة والنقابات، باعتبارها سلطةً مضادّة مستقلّة قائمة في ذاتها، وساعية إلى بشريّة دون تمييز في الجنس أو اللون أو القوميّة أو العرق أو المعتقد. هذا الاتّساع لم يشكّل موضوع إجماع عند القبائل السياسيّة ومراكز القوّة الاقتصاديّة التي حاولت أحيانًا إغلاقه كباب فتنة، أو تطويعه بأن يتحوّل إلى قمر يدور في فلكها. كذلك لم ينل بركات المجتمع الحكوميّ إلّا بانتزاع حقوقه بنفسه

وبأثمانٍ باهظة. فقوانين السماح بالتنظيم المدنيّ الحرّ انتظرت بداية القرن العشرين في الدول الأوروبيّة المتقدّمة، ومرّت بعدّة نكسات أثناء الحربين العالميّتين الأولى والثانية، وتعرّضت لمحاولات احتواء وتوظيف متعدّدة الأشكال والصور. وليس من المستغرب، وقد صارت السلطة المضادّة شكلًا من أشكال ضبط ومراقبة أداء السلطات وعسفها، أن تسعى الأخيرة إلى اختراق أوساطها أو تدجينها أو خردقتها.

في العالم العربيّ، لم تكن فكرة العمل المدنيّ جديدة، بل على العكس، كان من أكبر أخطاء الجيل الوطنيّ الأوّل، التضحية بأشكالها التقليديّة من تعاضديّات وتجمّعات حرفيّة، ووقف خاصّ تأصّل في التاريخ العربيّ الإسلاميّ كأشكالٍ أساسيّة لدفاع الأمّة عن نفسها في وجه استبداد السلاطين وظلمهم. تمّت التضحية بخبرة الماضي الاجتماعيّة لحساب تبنّي الأشكال الجديدة للجمعيّات التي حملتها القوانين الاستعماريّة منذ النصف الثاني للقرن التاسع عشر ومطلع القرن العشرين، والتي سمحت في مصر وبلاد الشام والعراق والمغرب الكبير بولادة جمعيّات خيريّة وثقافيّة دينيّة أو علمانيّة. وقد ترافق ذلك مع ولادة المهن الجديدة والصحافة والنشر، بكلّ ما ترك ذلك من آثار على الوعي الشعبيّ الذي بدأ يكتشف التعدّد والاختلاف والحوار بأشكال تواصل اجتماعيّة وإعلاميّة جديدة.

يمكن القول اليوم، في تحليل سياسيّ اجتماعيّ ونفسيّ هادئ، بعيدًا عن صخب ضحايا 11 أيلول/سبتمبر 2001 والرسائل الكيميائيّة الغريبة التي رافقته وهيجان الثور الجريح في واشنطن، أنّ هذه المأساة التي جمعت بين عمى الفعل الشرّير من جهة، والردّ الشرس لمن يشعر؛ ويذكره الآخرون دائمًا أيضًا؛ بأنّه الأقوى، من جهة أخرى، قد شكّلت تحوّلًا أساسيًّا في بداية هذا القرن دفعنا جميعًا ثمنه بالتأكيد طيلة عقدين من الزمن.

فلأوّل مرّة منذ الحرب العالميّة الثانية، عادت النظرة الكونيّة للفعل السياسيّ-العسكريّ والأمنيّ غير المحدّد بالزمان أو المكان لتسود العلاقات بين الدول والبشر، واضطربت عالميّة القيم الإنسانيّة. سقطت أكثر من ركيزة في بنيان القانون الدوليّ، وحُشر الناس بين مؤيّد وعدوّ، خيّر وشرّير، إرهابيّ ومناهض للإرهاب. نسي العامّة والخاصّة عشريّة الأمم المتّحدة حول اللاعنف، وأعمال خبرائها في «الأمن الإنسانيّ»، ونضالات إصلاحها والعديد من مشاريع مواثيق دوليّة لحماية حقوق الأشخاص والشعوب والبيئة.

لم يكن من السهل على الفكر النقديّ أن يقبل بهذا الحشر التعسّفيّ، وأصعب من ذلك، كانت مهمّة من ارتبط دورهم بقيمة أخلاقيّة هنا أو أمثولةٍ للعدل هناك، ما يُعرف اختصارًا بـ«السلطة المضادّة» أو أشكال مناهضة جنوح السلطة في الفضاء غير الحكوميّ، فسواء كانت منظّمة جماعيّة أو فكريّة فرديّة، كانت مهمّة هؤلاء الوقوف في وجه التيّار العاصف. وبالفعل، وكما هي الحال في كلّ اللحظات الصعبة، وقّع قرابة 300 محامٍ فرنسيّ على عريضة تطالب بإلغاء الإجراءات الاستثنائيّة في فرنسا عوضًا عن تعزيزها. نقابة القضاة طالبت بعدم اعتماد القضاة على قرارات استثنائيّة في أحكامهم، عدد من القضاة الدنماركيّين والهولنديّين والبريطانيّين طالبوا بعدم الاحتذاء حذو الإدارة الأميركيّة في إقرارها «الباتريوت أكت»، تجمّع عدد من المثقفين العرب والأوروبيّين من أجل مناهضة عولمة الحالة الاستثنائيّة. إلّا أنّ هذه الأصوات كادت تضيع وراء جعجعة القنابل في أفغانستان، في قرار أمميّ وغطاءٍ دوليّ لضرب إمارة «إسلاميّة» لم يكن قد اعترف بها سوى دول ثلاث.

إلّا أنّ ما حصل، هو زرع فكرة جدّ خطيرة تعود بالبشريّة إلى ما قبل حقبة نزع الاستعمار، فكرة تقوم على أنّ تغيير الأوضاع يمكنه، بل ويجب، أن يحدث من الخارج، ومن فوق، وليس بالضرورة من الداخل

ومن تحت، ما يؤدّي إلى ضرب الذاكرة الجماعيّة العالميّة لفكرة التغيير التي ارتبطت بثورة فرنسيّة وحرب استقلال أميركيّة وثورات شعبيّة وحركات تحرّر وطنيّة عريقة وتحرّكات مجتمعات مدنيّة صنعت التاريخ الحديث.

المقاومة المدنيّة أصبحت من حيث المبدأ أصعب، وفي إعادة تكوين خنادقها وجبهات نضالها أعقد، وظهر الشرخ بين حكومات شماليّة تقبل التضحية بحريّات أساسيّة مقابل نظريّة الأمن الداخليّ وجماهير مسلمة يدفعها هذا التراجع إلى التشكيك في كلّ القيم الغربيّة بخيرها وسوئها. هذا الشرخ تزايد في فترةٍ زمنيّة قصيرة بحيث لم يعد المواطن العربيّ، في العديد من البلدان، يرى في الأنموذج الغربيّ سوى نقمةٍ عليه، خاصّةً وقد وصل منذ 2002، خبراء من FBI للمشاركة في التحقيقات الأمنيّة في أربع عواصم عربيّة وتمّ تسليم عدّة مشبوهين لبلدانهم. أمّا ما يُعرف بالأفغان العرب فصارت القبائل الأفغانيّة تبيعهم بأسعارٍ تثير السخرية للقوّات الأميركيّة، لاقتيادهم إلى باغرام ثمّ غوانتانامو في مشاهد تُعيد الاعتبار للقرون الوسطى.

ترافقت هذه الحقبة مع صعود المجهول إلى السطح، وتوزّع الخوف بين الحاكم والمحكوم، ومزايدة عدّة سلطات قمعيّة بالولاء للسياسة الأميركيّة، وتوقيع الإدارة الأميركيّة اتّفاقيّات ثنائيّة مع أكثر من ستّين دولة تُعفي الجنود الأميركيّين من أيّ محاسبة في قضائها الوطنيّ. وبدا وقتئذٍ أنّ التحضير للمحطّة الثانية (بغداد)، يسير على قدمٍ وساق لأنّ المجتمعات المدنيّة والرأي العامّ العالميّ بدأت تستعيد أنفاسها من هذه الهجمة البربريّة، باسم حماية الديمقراطيّة والحرب على الإرهاب.

كانت التعبئة السلميّة لمناهضة الحرب على العراق أوّل عمل مدنيّ عالميّ ناجح إلى حدّ كبير، وقد تمكّنت شبكة المنظّمات غير الحكوميّة وعدد كبير من النقابات والأحزاب السياسيّة من تنظيم تظاهرات

مليونيّة من أجل وقف العدوان. ولا يعني حدوث هذا العدوان، أنّ المجتمعات المدنيّة كانت عاجزة عن الردّ، فنحن اليوم نعرف أنّ الإدارة الأميركيّة والحكومات التي ناصرتها (البريطانيّة والإيطاليّة والإسبانيّة) قد اعتمدت كلّ الوسائل اللاأخلاقيّة والكذب والتزوير وتوزيع بيانات مزوّرة ومعلوماتٍ خاطئة من أجل تضليل الرأي العامّ. ولعلّها في إصرارها على الحرب بكلّ ثمن غيّبت العنصر الأساسيّ بعد الحرب، أي إعادة البناء، حيث تبيّن أنّ هذا التحالف المتعدّد الجنسيّات حمل العتاد الحربيّ ونسي الذخيرة السلميّة، ذهب وفي رأسه تقليص عدد الضحايا في قوّاته، ونسي عدد الضحايا من العراقيّين. وبعد أقلّ من شهر على الاحتلال، كنت في بعثة تحقيق في العراق وكتبت وقتئذٍ: «خلقت قوّات الاحتلال كلّ الظروف الموضوعيّة للخراب والفوضى».

لقد حطّم الاحتلال كلّ الرؤى والطموحات الكبيرة عند الإنسان، وأعاده إلى الهويّات والانتماءات الأصغر يحتمي بها من حالة الضياع. وبعد أن زرع أسس الحرب الأهليّة لتخفيف الضربات عليه، انتقل الوضع إلى حالة توحّش لاعقلاني يتداخل فيه الوطنيّ والمذهبيّ بالإقليميّ والدوليّ، وتتحوّل معه الدولة إلى ميليشيا كبيرة تنظّم عمليّات النهب والسيطرة في آن واحد. في هذا الوضع المأساويّ، انتهت أولى فصول الحرب على الإرهاب بانسحاب القوّات الأميركيّة والبريطانيّة والتحاق أهمّ ضبّاط الجيش العراقيّ «السابق» بتنظيم «القاعدة» وأخواتها انتقامًا من المحتلّ ومن المتعاونين معه، ليبدأ مشروع «دولة إسلاميّة على نهج النبوّة» باستقطاب مقاتلين بلا حدود وجمع كلّ نفايات الحرب الأفغانيّة واليوغسلافيّة ودول الاتّحاد السوفياتيّ السابق ذات الأغلبيّات المسلمة، في الهلال الخصيب.

انطلق الحراك المدنيّ في تونس في نهاية 2010، وقد وصفته في كلمة ألقيتها في بلدة الدوز في جنوب تونس في 2011/01/13: «ثورة

اللاعنف واللاصنميّة»، حيث كانت ثورة سلميّة مدنيّة لكلّ الناس، شكّلت الطموح لانطلاقة ربيعٍ عربيّ. ربيع، لأنّ كلمة ربيع وُلدت وتكرّست مع الثورات السلميّة في القرن العشرين. كانت ليبيا البطن الرخو الذي طعن منه «الناتو» والعنف هذا الربيع منذ بداياته، ولن يدفع شعب ليبيا وحده الثمن، بل امتدّ الأمر إلى سوريا في أشرس معركة للمقاومة المدنيّة مع الاستبداد والعنف والطائفيّة والتدخّلات الأجنبيّة.

كتبتُ في كتاب «العصيّ الغليظة»، وهو ما أكرّره دون مللٍ أو كلل: «ليس (مواطن العالم) الذي يتحدّث في هذه المقاربة وحسب، بل المولود في درعا، والذي أطلق صرخة لا للعنف لا للعسكرة والمذهبة والتدخّل الخارجيّ منذ نيسان 2011، لتجنّب اغتيال أكبر حركة مدنيّة سلميّة في تاريخ سوريا والمنطقة، كان التهميش والازدراء بل الحرب التي تعرّضنا لها من مختلف أطراف الصراع في وعلى سوريا هو النتيجة. لا بل والدعم الممنهج للأطراف التي اختارت العسكرة ورحّبت بأكثر من 120 ألف متطوّع جهاديّ من مختلف دول العالم... مثالًا واضحًا على أنّ العنف أفضل وسيلة لانتصار الموت على الحياة... ما زالت الديكتاتوريّة الدمويّة تحكم العاصمة والديكتاتوريّات المسخ تحكم الأطراف، هذا يعلن انتصار نظامٍ دمويّ على المؤامرة الكونيّة وآخر يعلن صمود المحرّر و(ثالث يعلن انتصار أوّل دولةٍ ديمقراطيّة في العالم)... لم يضع أحدٌ منهم رأسه في الوحل باعتباره شريكًا أساسيًا في دمار البلاد»[9].

خاض من اعتبر العنف الوسيلة الأخيرة لإنقاذ الاستبداد أو «جهادًا» مقدّسًا، معركته مع أنصار المقاومة المدنيّة بوحشيّة، وكان من الضروريّ تغييب رموز الحراك السلميّ بالخطف والقتل بالعشرات، نذكر منهم معن العودات وجهاد شلهوب ومشعل تمو ويحيى شربجي

---

9 هيثم منّاع، العصيّ الغليظة، المعهد الاسكندنافيّ لحقوق الإنسان/مؤسّسة هيثم منّاع والمركز التعليميّ لحقوق الإنسان في ألمانيا، 2022، ص 16-17.

وباسل شحاده وعدنان وهبي وصلاح العودات وعبد العزيز الخير وإياس عيّاش وماهر طحّان وغياث مطر ورجاء الناصر ورزان زيتونة وزملاءها[10] والقائمة تطول.

من هذا الوضع، بكلّ آلامه، لم تكن الصورة سوداء، وكانت المقاومة حاضرة ما أمكن على الصعيد العالميّ، فهُمِّشت مؤسّسات الفرد الواحد (One-Man NGO) وأتباع نادي شيكاغو القائمة على المساعدات والأجندة المطروحة في السوق الدوليّة، التي دعمتها الحكومات الأميركيّة المتعاقبة في مختلف دول العالم. وبدأ التأكيد على مفهوم المشاركة والمقاومة وديمقراطيّة العلاقات التنظيميّة في الوسط غير الحكوميّ يأخذ مكانة مركزيّة، ولم تعد تجارب مدّ الجسور بين المظلومين تمرّ بالضرورة من الشمال (كالتنسيق بين منظّمات أميركيّة لاتينيّة وعربيّة وأفريقيّة). كذلك صار واضحًا الانتقال إلى المبادرة المتعدّدة الأشكال والصيغ والتشبيكات في قضايا مثل «الحريّات الأساسيّة أوّلًا» ومكافحة الفساد وحماية البيئة والنضال ضدّ أشكال العنف العائليّ والعنف ضدّ المرأة. برز ذلك في محاصرة المدافعين عن معتقل غوانتانامو والصامتين عن السجون المخفيّة وضحايا الأدلّة السرّية والمحاكمات الاستثنائيّة على طرفي الأطلسيّ في العقد الأوّل من هذا القرن، ثمّ مقاومة نقل هذا السرطان إلى معسكر الهول وسجن غويران في محافظة الحسكة في العقد الثاني، ومقاومة التغييب القسريّ أو اللاإراديّ في دمشق، والتصدّي لمنظومة الأبارتايد الإسرائيليّة في فلسطين... إلخ.

في بداية العقد الثالث، خرجت الولايات المتّحدة والناتو من أفغانستان تاركةً السلطة لمن دخلت لإبعادهم عنها قبل عقدين من الزمن، وانسحبت القوّات الفرنسيّة من مالي. ولكن من يزرع «الحلّ العسكريّ»

---

[10] من الملاحظ أنّ معظم هذه الأسماء تتوازعها مهن مدنيّة أساسية: أطبّاء، مهندسون ومحامون.

يحصد دائمًا العنف المضادّ، أمّا الشعوب فهي من يدفع الفاتورة الأكبر. ورغم هذه الوقائع الفجّة، اختار الاتّحاد الروسيّ إعادة الكرّة في أوكرانيا، لندخل في حرب هجينة دوليّة بين حلف الناتو والاتّحاد الروسيّ وضعت أمام أعين الجميع، بكلّ صفاقة، فكرة أنّ الخيارات العسكريّة اليوم لن تعطي سوى خاسر/خاسر، وأنّ أيّ انتصارٍ عسكريّ لن يكون إلّا بدمار الجنس البشريّ برمّته.

المقاومة المدنيّة اليوم، لم تعد نداء الحالمين والمثاليّين، بل الوسيلة الناجعة الوحيدة لمقاومة طغيان الصغار والكبار والظلاميّات على اختلافها، ووضع المشكلات الوجوديّة التي نعاني منها بكلّ قوميّاتنا وجنسيّاتنا وقارّاتنا على طاولة البحث، من المجاعة إلى الاحتباس الحراريّ. تحدّث دعاة اللاعنف في هذا منذ زمنٍ طويلٍ ولم نكن بحاجةٍ إلى الثمن الباهظ الذي دفعته البشريّة كلّما لجأ منها من لجأ إلى العنف لتحقيق مصالحه الخاصّة بل وحتى ما اعتبره «آمالًا وطموحات».

ليست المقاومة المدنيّة دينًا جديدًا ولا أيديولوجيا أو طائفة، بل منهج حياة يستعيد الإنسان عبره ما خسر من إنسانيّته.

اللاعنف في العالم العربيّ

Non-Violence in The Arab World / La Non-violence dans le Monde Arabe

طُرحت قضيّة العنف بقوّة على جيلنا، الذي ترك قسمٌ هامٌّ منه الدراسة للالتحاق بالعمل الفدائيّ الفلسطينيّ. فقد شكّلت هزيمة 1967 هزيمةً للأيديولوجيّات السياسيّة التي حملها الجيل السابق، من ناصريّة وبعثيّة وشيوعيّة، وتوزّعت الشبيبة الناشئة بين الاتّجاهات الماركسيّة الثوريّة والإسلاميّة الراديكاليّة.

كانت قضيّة العنف الثوريّ من أهمّ نقاط الخلاف في الحلقات الماركسيّة في السبعينيّات، تمامًا كما كانت قضيّة الجهاد، في صلب الأزمات التي عاشتها تعبيرات الإسلام السياسيّ المختلفة.

في الأوساط الطلّابيّة اليساريّة، كانت صور تشي غيفارا و«التوباماروس» و«المير» و«جبهة تحرير الخليج العربيّ وعُمان» وفدائيّي «خلق» الإيرانيّة و«البوليساريو» و«الجبهة الشعبيّة لتحرير إريتريا» تحمل من الرومانسيّة شحنات كافية لاستقطاب الشبيبة. كذلك كان السخط الشبابيّ باديًا في الأوساط الإسلاميّة على أسماءٍ كبيرة مثل مصطفى السباعي وعصام العطّار وحسن الهضيبي لموقفهم «المائع» من قضيّة الجهاد، وبسبب توزيعهم وتعليمهم لمؤلّفات سيّد قطب (معالم في الطريق، هذا الدين، المستقبل لهذا الدين...).

لم تنجح الحلقات التي تبنّت راية الكفاح المسلّح إلّا في استقطاب أقلّ من عشرين طالبًا من الجامعات السوريّة واللبنانيّة في مطلع السبعينيّات. وضعت السلطات السوريّة حدًّا لنشاط المنظّمة الشيوعيّة العربيّة عبر أحكام بالإعدام نُفّذت خلال ساعات من صدورها في 1975، ووضعت باقي الحلقات الماركسيّة، الأكبر عددًا وانتشارًا، شروطًا تعجيزيّة للّجوء إلى العنف، في فتوى ذكيّة سمحت باستقطاب الشبيبة الأكثر اندفاعًا وحماسةً إلى العمل النقابيّ والسياسيّ السلميّ. في هذا الوقت، كانت «الطليعة المقاتلة للإخوان المسلمين» ترسل شبابها إلى معسكرات العمل الفدائيّ في لبنان والعراق. ولم تلبث، بدعمٍ إقليميّ، أن أعلنت الجهاد في سوريا لإسقاط النظام «النصيريّ». هكذا حلّت مآسي 1978-1982 التي انتهت بمجزرة حماه، ولكن أيضًا، بدأ التوجّه الكبير للعناصر الجهاديّة الإسلاميّة إلى أفغانستان.

تبعثر جيلنا بين المعتقلات والمنافي والمقابر، وأصبح موضوع العنف في الوعي العامّ مرتبطًا باستمرار السلطة الدكتاتوريّة وخنق

الحريّات وإطلاق التعسّف. شخصيًا، توجّهتُ إلى حركة حقوق الإنسان والأبحاث.

سمحت لي تجربتي الحقوقيّة بزيارة مناطق الصراع المسلّح الرئيسيّة في نهاية القرن الماضي، من كشمير، بيشاور، منطقة البحيرات الأفريقيّة، يوغسلافيا السابقة، الجزائر... إلخ، وأيضًا الحركات المدنيّة في بولونيا وتشيكوسلوفاكيا وألمانيا الشرقيّة، فأطلقت في 1995 ما سُمّي عهد الشرف لنشطاء حقوق الإنسان، الذي وضعت فيه:

«أن أرفض المشاركة في أيّ مشروع ذي طابعٍ عنصريّ أو عنفيّ أو تمييزيّ».

أقرّت عشرات المنظّمات الحقوقيّة العربيّة والدوليّة هذا العهد في 1997. وتابعتُ مع منصف المرزوقي وفيوليت داغر ومحمّد حافظ يعقوب الكتابة والبحث في أشكال النضال السلميّ المختلفة والمقاومة المدنيّة.

ما من شك في أنّ قيام دولة إسرائيل وتوسّعها القائم على ضرورة عسكرة المجتمع الإسرائيليّ وضمان تفوّق عسكريّ للسيطرة، كان موضوع نقاش متواصل مع الأطراف التي تبنّت العنف. وتجنّبًا لجعل عصا موسى تحكم تصوّراتنا وأساليب نضالنا، كنّا نسعى باستمرار إلى تفعيل وابتكار أشكال سلميّة للنضال.

لم يعد بالإمكان، بعد سقوط جدار برلين، الادّعاء بفضيلة نضاليّة للعنف في معركة التغيير سواء كانت داخل أو خارج الحدود والأقاليم. سقوط وتفكّك الاتّحاد السوفياتيّ ومعسكر وارسو حقّقته النضالات المدنيّة، وفي كلّ التجارب البشريّة التي عشناها في الأعوام الثلاثين الماضية، كان العنف سببًا رئيسيًا في تراجع وتفكّك مجتمعيّ شامل، لأنّ من البداهة أن تتمتّع المنظومة العالميّة في مراحل التراجع التي نشهدها، بالقدرة على إمساك مباشر أو غير مباشر لوتيرة العنف في أيّ

صراع في دول المحيط. ولم تتورّع عن ممارسة مختلف أنماطه على من نصّبته في موقع «العدوّ». وسواء ضمّ معسكر «الشرّ» ثقافات وأديانًا، أو كيانات دوليّة عملاقة، كان اللجوء إلى العنف، عسكريًّا كان أو اقتصاديًّا، الوسيلة الأهمّ للحفاظ على ما يمكن الحفاظ عليه، الأمر الذي عزّز نشوء مجتمع مدنيّ عالميّ، اعتبر اللاعنف الوسيلة الفضلى للتغيير.

بدأنا منذ 2003 نراقب انتشار ظاهرة الاحتراف العسكريّ والشركات الأمنيّة الخاصّة وتوسيع الفضاء لما سُمّي المرتزقة، بل صرنا نشهد تعميمًا لأشكال العنف العسكريّ بالوكالة، وقودها «مقاتلون بلا حدود» يُخيّل إليهم أنّ تفجير سفارة أو خطف صحفيّ يمكن أن يهزّ هذه المنظومة، أو أنّ التحالف معها والعمل تحت لوائها يسمح بامتلاك حانوت صغير في سوق تمتلكه حصرًا لوبيات السلاح الأقوى. فيما تصاعد العنف الاقتصاديّ عبر صيرورة «العقوبات المتعدّدة الأطراف» والأشكال، كسياسة رسميّة للأقوى. وفي جملة الحالات التي عشناها ونشهدها، كانت «الخسائر الجانبيّة» كما سمّتها مادلين أولبرايت، أكبر بكثير من النتائج المتوخّاة.

في كلّ الحالات، أُعطي الدليل على أنّ لجوء القامع أو المقموع إلى العنف، من شأنه تدمير المكوّنات الأضعف والشعوب المستضعفة.

من الصومال إلى العراق، ومن أفغانستان إلى اليمن، جاءت تراجيديا التحطيم الذاتيّ/الخارجيّ للمجتمعات لتؤكّد أطروحاتنا، ولتُظهر مدى تفاهة من اعتقد أنّ الدبّابات أو تفجير النفس في الآخر، يمكنها أن تبني غدًا أفضل لأبنائه. ومنذ صيحات بعض المعارضين السوريّين المطالبة «بسلاح نوعيّ وحظرٍ جوّيّ وتدخّل الناتو وتغيير موازين القوى»، إلى الحرب الهجينة الأوكرانيّة-الروسيّة، أصبحت مهمّة أنصار السلام تتمثّل في إحصاء وتوثيق عشرات بل مئات آلاف الضحايا وملايين اللاجئين والمهجّرين قسريًّا وعودة البنى التحتيّة قرنًا زمنيًّا إلى الوراء. والحقيقة

أنّ فكرة هذا الأطلس المختصر، جاءت من مناضل حقوقي إيرانيّ طلب منّي ما كتبت عن اللاعنف، لخوفه من انجراف حركة الاحتجاج النسويّة والمجتمعيّة على سلطة ولاية الفقيه إلى الوسائل العنيفة كما حدث في سوريا. وقد سألني المناضل الإيرانيّ: «كيف كانت لديك هذه القناعة الراسخة منذ الأيّام الأولى، بأنّ مقتل الثورة السوريّة سيكون بالعنف والطائفيّة والتدخّل الخارجيّ؟». فأجبته: «هذا ما رأيته بأمّ عيني في العراق وأفغانستان ورأيناه في الصومال، مهمّة الأجهزة الأمنيّة الرئيسيّة عندما تواجه حراكًا شعبيًّا هي القمع المفرط والأعمى بهدف تحويل الثائر على الدكتاتوريّة إلى ثور، بالإمكان جرّه إلى ملعبها».

في 2011/11/9، ونحن في طريقنا للاجتماع بالأمين العامّ للجامعة العربيّة، تعرّض لنا جمعٌ شبابيّ يحتجّ على زيارتنا بعد إعلامه بأنّ هذه الزيارة «ستكون لخدمة النظام السوريّ». تعرّضنا للضرب والإهانة بالبيض والطماطم والركلات. وأمسك بي سبعةٌ من الشبيبة، بدأ أحدهم بتصوير المشهد، والثاني بطرح الأسئلة:

– إمّا أن تقول يلعن روحك يا بشّار أو أنت عميل.

– أنا لا أشتم الروح لأنّها في المسيحيّة والإسلام من أمر ربّي، نقول مثلًا يلعن نَفَسَك لأنّ النفس أمّارةٌ بالسوء.

ينظر إلى موبايل صاحبه ويقول: ألم نقل لكم إنّه عميل، ثمّ يتابع:

– لماذا تقف ضدّ إعدام الطاغية؟

– لأنّني ضدّ حكم الإعدام بالمطلق.

ينظر من جديد إلى الموبايل الذي يصوّر: ألم نقل لكم إنّه ضدّ إعدام بشّار، ثمّ يتابع:

– كم تلقّيت من الأموال لبيع دم أخيك؟ (الشهيد معن العودات الذي قُتل على أيدي المخابرات العسكريّة السوريّة).

– ليس لدم الشهداء ثمن، ولن أقبل إلّا بمحاكمةٍ عادلة للقاتل.

– لماذا تريد إقناع الجامعة العربيّة بتغيير موقفها من النظام؟

– هذه كذبةٌ كبيرة، زيارتنا تهدف إلى إعطاء صورة عن الوضع في سوريا.

– نحن لا نكذب ولدينا وثائق.

– أيّ وثائق؟ أنتم مضلّلون، كلّ هذا أكاذيب.

– لماذا لا تنتسب إلى المجلس الوطنيّ السوريّ؟

– أنا لا أعمل مع الأجراء، عندما يملك المجلس قراره نتعاون معه وقد نشكّل جسمًا واحدًا.

في هذه اللحظة، اقترب محامٍ سوريّ مع زميلين له وأبعدوا الشبيبة الهائجة عنّي ودفعوني إلى سيّارة أوقفوها. كان رجاء الناصر وعبد العزيز الخير وبسّام الملك يتعرّضون للمهزلة-المأساة نفسها، وأذكر أنّه وقت انهال الشبيبة على بسّام صرخت بهم: أتعرفون من هذا الشخص؟ فأجاب الذي كسر يده: لا ولكنّه معك...

خمسةٌ من الذين نظّموا «عمليّة الجامعة العربيّة» يعيشون اليوم في دمشق بعد مصالحات مع السلطة السوريّة، ثلاثةٌ آخرون انضمّوا إلى جبهة النصرة، والباقون يعيشون في المنفى. أمّا عبد العزيز الخير ورجاء الناصر فقد خطفتهما أجهزة الأمن السوريّة قبل أكثر من أحد عشر عامًا، وهما في عداد المفقودين.

المنفى وحده سمح لي بالبقاء على قيد الحياة لتسجيل هذه القصّة.

هذا المثل البسيط، يعطي صورة أوّلًا، عن النتائج الكارثيّة التي تخلقها الدكتاتوريّة عبر التصحّر الثقافيّ والسياسيّ للمجتمع للتمكّن من الاستمرار في استعباده من خلال ضرب المناعة الذاتيّة للمجتمعات بتمرير عدوى العنف إلى المجتمعات. لكنّ قصر النظر عند بعض النخب، واعتقادها بأنّها تستطيع استخدام أسلحة عدوّها، يشكّلان

المصيبة الأكبر. وقد كان الدكتور عبد العزيز الخير يبصرها أمامنا في بكين، المدينة الممنوعة، حين قال: «كم من الآلام أيّتها السلميّة؟».

من أجل هذا، من الضروريّ الحديث عن المقاومة المدنيّة في التجربة السوريّة، وكيف أنّ تكالب الأمم عليها كان جماعيًّا، رعبًا من تغييرٍ يهزّ المنطقة لا فقط الداخل السوريّ، مهما كانت النتائج الكارثيّة للعسكرة على البلاد والعباد.

بدأت الألفيّة الثالثة في سوريا واعدةً لناحية الوعي الجماعيّ. وإن كان ذلك مجرّد رغبات لاواعية أكثر منها معطيات ملموسة، إلّا أنّ الشعور العامّ السائد، في صفوف العامّة والخاصّة، كان يُجمع على أنّ نصف قرن من الاستبداد والفساد يكفي، وأنّ من حقّ شعوب هذه البقعة من العالم الاحتفاظ بحصّتهم من الحرّية والإبداع والانعتاق، كضرورة لتعويض نصف قرنٍ من الطاعة والإهانة والاستسلام والعجز والهزائم. المنتديات والملتقيات توالدت في الداخل والخارج. بدأنا في اللجنة العربيّة لحقوق الإنسان، بعد إنجاز الجزء الأوّل من موسوعة «الإمعان في حقوق الإنسان»، ثلاثة مشاريع متزامنة، الأوّل حول «الديمقراطيّة وحقوق الإنسان في سوريا» والثاني حول «تونس الغد» والثالث حول «حالة الطوارئ في مصر».

كان اختبارنا العملي الأوّل النقاش مع مختلف أطراف المعارضة التونسيّة. وقد أشرفت على كتاب جماعيّ شارك فيه أهمّ رموز المعارضة وقتئذٍ. وصدر قبل مصيبة الحادي عشر من سبتمبر 2001[11].

في الفصل المخصّص لحركة «النهضة»، كتب مؤسّسها ورئيسها الشيخ راشد الغنوشي دراسةً بعنوان «لقد دقّت ساعة التغيير في

---

[11] تونس الغد!، تقديم هيثم منّاع، شارك فيه: راشد الغنّوشي، منصف المرزوقي، مصطفى بن جعفر، توفيق بن بريك، أحمد المناعي، نور الدين ختروشي، اللجنة العربيّة لحقوق الإنسان، باريس، 2001.

تونس» وضع فيه تصوّره لأسس الشراكة بين العلمانيّين والإسلاميّين التوانسة في المشروع الديمقراطيّ وجاء فيه:

أ- «بذل أقصى الوسع لإنجاح مشروع التقارب بين جناحَي الحركة السياسيّة الديمقراطيّة بتجاوز الشرخ الذي دخل منه الانهيار، وما جرّه من كوارث على البلاد، والسير نحو جبهة وطنيّة تقود عمليّة التغيير وتكون بديلًا للحكم وهو ما يقتضي الاتّفاق على مشروعٍ للحكم، وليس هو بالعسير: فعموده الفقريّ الخيار الديمقراطيّ من دون إقصاء إلّا لداعية عنف وإقصاء...»[12].

ب- «أن تتبادل قوى التغيير الديمقراطيّ بمختلف أطرافها الاعتراف عبر ميثاق يلتزم فيه الجميع بمقتضيات العمل الديمقراطيّ بعيدًا عن اللجوء إلى أيّ صورة من صور العنف الرسميّ أو المعارض والإقصاء والتحريض عليه...»[13].

بعد قرابة عام على اعتقالات ربيع دمشق، تلقّينا دعوةً إلى مؤتمرٍ للحوار السوريّ في لندن (23-25 آب/أغسطس 2002) حضرته قيادة حركة «الإخوان المسلمين» وشخصيّات ماركسيّة وشيوعيّة وبعثيّة (معارضة) واشتراكيّة. وقد جرى فيه التوقيع على «الميثاق الوطنيّ في سوريا» الذي اعتبر بناء الدولة الحديثة أوّل أهداف المجتمعين: دولة تعاقديّة، دولة مؤسّسات، دولة القانون والمواطنة... «دولة تعدّديّة تتباين فيها الرؤى وتتعدّد الاجتهادات، وتختلف المواقف وتقوم فيها قوى المعارضة السياسيّة، ومؤسّسات المجتمع المدنيّ، بدور المراقب والمسدّد، حتّى لا تنجرف الدولة إلى دائرة الاستبداد أو مستنقع الفساد»[14]. دولة يتركّز فيها دور الجيش «في الدفاع عن الوطن وفي حمايته من أيّ عدوان

---

12 تونس الغد!، ص 70.

13 تونس الغد!، ص 72.

14 نُشر النصّ الكامل في مجلة «مقاربات»، العدد 6-7، صفحة 87-104، 2003.

خارجيّ. ويكون شرف الانتماء لهذه المؤسّسة الوطنيّة، حقًّا عامًّا لجميع المواطنين، على أسس من المساواة والعدل»[15]. وقد أكّدتُ بنفسي على التزام الموقّعين على الميثاق بنبذ العنف من وسائلهم، واعتبار الحلول الأمنيّة لمشكلات الدولة والمجتمع، وفي عنف السلطة التنفيذيّة، «مدخلًا من مداخل الفساد».

من الواضح في الكتاب الجماعيّ «حقوق الإنسان والديمقراطيّة في سوريا» وعي أهمّ المشاركين في التحرير لأهميّة العلاقة بين الديمقراطيّة والحقوق الاجتماعيّة والاقتصاديّة والتنمية من جهة، وضرورة الانتقال السلميّ من جهة ثانية. وأخيرًا وليس آخرًا، غياب وهم التدخّل الخارجيّ أكان إقليميًّا أم دوليًّا من أجل مشروعٍ ديمقراطيّ في سوريا. ما هو مؤكّد، أنّ المقدّمات الأيديولوجيّة الكلاسيكيّة لليسار قد تكسّرت في النظريّة والواقع، وأنّ البحث عن الطريق السوريّ إلى الديمقراطيّة أصبح مركز اهتمام مختلف الأطراف. تعبير المجتمع المدنيّ يدخل القاموس السياسيّ، حقوق الإنسان تستقطب قيادات سياسيّة ومدنيّة، تيّار ليبراليّ اجتماعيّ في طور اكتشاف الذات، ويسار جديد يتجنّب غالبًا تعبير «اليسار» دون إغفال الحقوق الاقتصاديّة والاجتماعيّة من مفهومه للديمقراطيّة. إرهاصات جنينيّة جديدة جعلت خطاب الحزب الواحد والدولة الأمنيّة خطابًا «رجعيًّا» هزيلًا ينتمي إلى الماضي. كانت جملة هذه المخاضات داخليّة التكوين والديناميّة. كذلك كان ردّ الفعل السلطويّ عليها. من الضروري التذكير بأنّ حملة اعتقالات ربيع دمشق انتهت في التاسع من أيلول/سبتمبر 2001، أي قبل أحداث الحادي عشر المشؤومة. ولعلّها بهذا المعنى، كانت آخر معركة سوريّة-سوريّة بين قامعٍ ينتمي إلى ماضٍ مؤلم، ومقموعٍ ينتمي إلى غدٍ غير واضح المعالم.

---

[15] مقاربات، العدد 6-7، ص 89.

سجّل احتلال العراق أوّل خرق في فكرة التغيير من الداخل والمجتمع. المعارضة الجريحة بالاعتقال والملاحقة وقفت أمام أكبر اختبارٍ لها منذ الاستقلال. قلّةٌ قليلة وقفت مع فكرة سقوط النظام بالدبّابات الغازية، لكنّ حالة الفزع التي أصابت النظام العربيّ القديم جعلته أكثر شراسة. وسرّعت بالمعيّة، تمزّق المعارضة بين مراهنٍ على الشعب ومراهنٍ على تدخّلٍ خارجيّ «يخلّص» الشعب من أنياب حكّامه.

لا يمكن لأيّ عمليّة تزوير أو تشويه أو توظيف للوقائع، أن تمحو تفاصيل أيّام ربيع المواطنة. ومن المضحك أن تصبح مهمّة أشباه البحّاثة التحقيق في صلات النسب بين حراكٍ عفويّ ومشروع المحافظين الجدد أو دراسة صدرت عن مركز بحث أميركيّ قبل ربع قرن.

في الأيّام الأخيرة من 2010، بدأ حراكٌ تلقائيّ شبابيّ في أكثر مناطق تونس تهميشًا وتوظيفًا من قبل ما سمّيته الدكتاتوريّة الباردة. ردّ الفعل المتخبّط للحكومة الفرنسيّة يُظهر بجلاء أنّ ما جرى لم يكن على الأجندة الغربيّة بل كان مفاجئًا لها، كما كان للمثقّف العربيّ، سواءٌ بسواء.

لا يستطيع أحدٌ أن يحرق مسلسل الأحداث أو يشوّهه. كانت أنشودة الحرّية على كلّ لسان، الحرّية التي تساءل المصريّون قبل خمس سنوات «يا حرّية فينك فينك، أمن الدولة بيني وبينك» تلقّت صدى الإجابة من الشبيبة الثائرة في تونس: «تونس حرّة تونس حرّة»... «شغل حرّية عدالة اجتماعيّة»...

وقفتُ أمام الجموع في القصرين وفي دوز أحيّي إبداعات الثورة التونسيّة الثلاثة: ثورة مدنيّة سلميّة، ثورة دون أصنام ورموز، ثورة استوعبت منذ لحظاتها الأولى عمق العلاقة بين الديمقراطيّة والحقوق الاقتصاديّة والاجتماعيّة.

امتدّ الصدى إلى ساحة التحرير في مصر والتقطه شباب درعا: «يا حرّية يا حرّية، تعالي من مصر لسوريا، لا تكسير ولا تخريب، سلميّة ولو

قتلوا كلّ يوم ميّة، الشعب السوري واحد، عربي وكردي يد بيد، مسيحي ومسلم يد بيد، علوي وسني يد بيد...»، كان يكرّرها معن العودات في كلّ تجمّع وحشد في درعا، ثمّ صارت تتردّد في أرجاء سوريا. في ساحات صنعاء ودوّار اللؤلؤة في المنامة كانت الكلمات تتشابه. ولم تلبث فرحة الحرّية التي هزّت كلّ أشباه العروش أن أصبحت العدوّ الأوّل لكلّ الطواغيت.

شكّلت ليبيا البطن الرخو لهذه الصحوة الشبابيّة العامّة. ووجد الناتو في طرابلس الغرب، الفرصة للولوج بقوّة في حالة الهيجان العامّة. الجميع يعرف أنّ ليبيا تنتج خمسة أضعاف ما تنتجه الجزائر من النفط، وأنّ الحركة الديمقراطيّة في ليبيا هي الأضعف في شمال أفريقيا. كما أنّ من يسيطر على الوضع في ليبيا سيملك بيضة القبّان عند جاريها التونسيّ والمصريّ.

يدًا بيد، بدأ التدخّل الناتويّ بغطاءٍ من الجامعة العربيّة. الشيخ يوسف القرضاويّ يصدر فتوى بدخول الناتو وإعدام القذافي. وبرنار هنري ليفي، يخوض بإشراف الرئيس الفرنسيّ ساركوزي، معركة تجميل تدخّل الناتو في الشارع الأوروبيّ. الخارجيّة الفرنسيّة ترتّب مع السفير الأميركيّ كريستوفر ستيفنز إجراءات شرعنة «مجلس حكم انتقاليّ» بديلًا للدكتاتور. لكنّ «الكوميديا الإلهيّة» التي كُتبت فصولها بالاعتماد على هجينٍ عجائبيّ من الجهاديّين والإخوان وبعض الوطنيّين، قامت على مركبٍ انفجاريّ لم يلبث أن حوّل ليبيا إلى القاعدة الأهمّ للحركة الجهاديّة التكفيريّة في شمال أفريقيا. هرب ساركوزي وليفي من الزورق وهو يحترق، واغتيل السفير الأميركيّ، وتحوّل الأنموذج الليبيّ إلى كابوس يقضّ مضاجع الجميع.

تزامنت هذه الأحداث مع تصاعد الحراك الشعبيّ السلميّ السوريّ. في سوريا، هناك حركة سياسيّة معارضة نشطة توافقت على مشروع

ديمقراطيّ منذ 1979، وعاشت تجربة مرّة مع العنف الإخوانيّ (1978-1982) الذي شكّل فرصةً استغلّها النظام السوريّ لزجّ آلاف الشيوعيّين والوطنيّين والنقابيّين في معمعان معركته مع «الطليعة المقاتلة للإخوان المسلمين».

بعد عشرين عامًا (1998)، أصبح معظم معتقلي الثمانينيّات خارج السجن. وهم يحملون آلام هزيمةٍ مبكرةٍ في معركةٍ غَدَرَ بها كلٌّ من العنف الإخوانيّ والقمع الأسديّ، أي هزيمة بالحراك المدنيّ والإضراب العامّ للنقابات المهنيّة في آذار/مارس 1980. عددٌ هامٌّ من معتقلي الرأي، خرج كاتبًا وباحثًا من مدرسة السجن، وقام جلّهم بمراجعاتٍ فكريّة وسياسيّة هامّة.

رغم اعتقال رموز ربيع دمشق وحالة التشوّش التي سادت العقد الأوّل من هذا القرن، كانت درعا على موعدٍ مع التغيير السلميّ. لم يكن بإمكان أجهزة الأمن خنق انطلاقة الشبيبة بصدور عارية باستخدام أسلحتها الكلاسيكيّة، فأغلبيّة الشباب الثائر غير مؤرشف في سجلّاتها، وهو يتحدّث بلغةٍ جديدة خلّاقة عن سوريا المواطنة والحرّية والسلميّة، الأمر الذي واجهته السلطات بالعنف الأعمى لقتله في مهده. ورغم الاعتقال الجماعيّ والقتل العشوائيّ، انتشر الاحتجاج المدنيّ الشعبيّ في أهمّ المحافظات السوريّة وصار مليونيًّا.

عندما لم تنجح الأسلحة القديمة في مواجهة الحراك المدنيّ السلميّ، استنفر القامع آخر أسلحة الدفاع عن البقاء: «جهاد» المقموع ضدّ أنشودة الحرّية، وديماغوجيّة الثيران باسم الثورة. استعانت أجهزة القمع وأسياد الجراد الأسود، بالتكفيريّة الظلاميّة لمواجهة المشروع التحرّريّ الديمقراطيّ. وخاض التكفيريّون جهادًا مقدّسًا ضدّ الحرّية والديمقراطيّة والمدنيّة. ما لم تجرؤ أقذر الدكتاتوريّات على قوله صار شعارًا مُعلنًا لقوى التوحّش والظلام: «الديمقراطيّة شرك»، «دين

السلميّة كفرٌ بواح» و«العلمانيّة إلحاد». لم نعد بحاجةٍ إلى وزير داخليّة يقول إنّ الديمقراطيّة تحتاج إلى زمنٍ وظروفٍ مناسبة، أو زعيم يعلّل استبداده برفض استيراد أنظمة حكم غريبة عن مجتمعاتنا. فالوحوش الكاسرة التي أُطلِقت تعرف كيف تفتك بالضحيّة دون اعتبار للونها أو قومها أو دينها أو مذهبها أو تصوّرها للإنسان والكون والحياة.

هل يمكن أن يتعايش العنف السياسيّ مع المشروع الديمقراطيّ؟ هذا السؤال الكبير الذي طرحته الحركة الديمقراطيّة التقدّميّة في أميركا اللاتينيّة قبلنا بعقود، اضطُررنا إلى طرحه بقوّة في الحالة السوريّة في 2011، في لحظةٍ شهدنا فيها بأمّ أعيننا تقدّم الثورة المضادّة على أيدي معظم الإسلاميّين وبعض الليبراليّين الجدد و«شيوعيّين قدامى» في حروبٍ لم يعد التغيير الديمقراطيّ، اللهمّ إلّا في العلاقات العامّة والإعلام، همّها الرئيس.

كان اقتناعنا راسخًا بأنّ العنف وحده يسمح للأكثر تخلّفًا وانحطاطًا ودناءةً بإعادة ترتيب الأمور بشكل أسوأ. لذا، كان من الضروريّ دفع الضحيّة إلى العنف الأعمى لكي تُعيد إنتاج «أخلاق» جلّادها. في هذا المجتمع المشهديّ المخضّب بالدم، الذي أعطت فيه السلطة الدكتاتوريّة أسوأ ما عندها، شاركت نظيراتها الإقليميّة في القمع والتسلّط، وفي جعل البدائل الأكثر تطرّفًا وحدها القادرة على الاستمرار في الصراع العبثيّ مع الحياة نفسها. فكلّما ازداد الخطاب تطرّفًا، تعزّزت جبهة كلّ من وضعتهم المنظومة السائدة خارج تعريف الإنسانيّة، ليعودوا في ثوب أمراء حرب وقوّادي جهاد. في حالةٍ كهذه، أصبح الانسحاب من ساحة القتال باللجوء والهجرة ضرورةً بشريّة لممارسة حقّ الحياة ورفض الانغماس في خيارات مظلمة. وأصبح أمن الدولة وسلطة الأمن عند الواقعين بين المطرقة والسندان، ضرورةً للاستمرار في البقاء لعاشقي الأرض والأزقّة والأقحوان الدمشقيّ وأهل البلد.

يملك العنف والتطرّف قدرةً غير محدودة للقضاء على الذات والآخر، وهذه القدرة هي نفسها التي تشكّل قوّة استعادة كلّ تعبيرات التعسّف والقمع التي كانت سببًا في نشأته.

ليس بالإمكان القول إنّ لغة اللاعنف والنضال المدنيّ السلميّ كانت مؤصّلة في الخطاب السياسيّ في المنطقة، رغم دفاعنا المبكر، وخاصّة بعد سقوط جدار برلين، عن فكرة المقاومة المدنيّة باعتبارها السلاح الأهمّ لإسقاط الدكتاتوريّات في البلدان العربيّة. لم يكن موضوع البحث يحتاج إلى إحصائيّات أو أرقام. كنّا نعيش حقبة الانتقال من بيروقراطيّة الدولة «الاشتراكيّة» في عدد من دول أوروبا الشرقيّة وجمهوريّات الاتّحاد السوفياتيّ المتفكّك. وكانت حقبة الدكتاتوريّات العسكريّة قد أثارت قرف أغلبيّة شعوب بلدان أميركا الوسطى والجنوبيّة. جنوب أفريقيا كانت تحتفل بنهاية نظام الأبارتايد، فيما كانت مكوّنات يوغسلافيا الحديثة تعيش حروبًا أهليّة دمويّة، وكذلك رواندا وعدد من البلدان الأفريقيّة.

كانت الملاحظة الأولى والأهمّ في تلك المتابعات، تكمن في تأثير ارتفاع وانخفاض وتيرة العنف على طبيعة التحوّل في الدولة والمجتمع، وأثر ذلك على عمليّة البناء الديمقراطيّ. لم يكن مدفع رمضان قد أعلن نهاية صوم العرب عن الديمقراطيّة، ورغم موت صورة المستبدّ في القلوب والعقول، كانت جثّة الماضي جاثمة على الحاضر.

لم يكن الديمقراطيّون العلمانيّون وحدهم في ميدان المقاومة المدنيّة السلميّة، وقد شاطرتنا المشروع أقلام إسلاميّة رائدة، أحدها جاء من الجزيرة العربيّة وتمثّل في كتابات الدكتور عبد الله الحامد والحركة الدستوريّة الإصلاحيّة في الجزيرة العربيّة. كذلك وقف جودت سعيد (1931-2022)، يصدح من دمشق في آخر أعداد مجلة «مقاربات» قبل ما يُعرف بالربيع العربيّ حيث استبق التاريخ والجغرافيا بالقول:

«العلم والعقل ينتصران، كما قال باتسلاف هافل، إذا لم يتلوّث العلم والعقل باللجوء إلى العضل: وهذه الفكرة ظاهرة وخفيّة في آنٍ واحد، والأنبياء كانوا جميعًا يعتبرون اللجوء إلى العنف حتّى للدفاع عن النفس شركًا لا يُغتفر «وإنّ الشرك لظلمٌ عظيم». والدفاع عن النفس مشكلةٌ غامضة، لهذا فإنّ الإخوان الذين لجؤوا إلى العنف فسّروه أنّه كان دفاعًا عن النفس. وصعبٌ علينا أن نفهم أنّنا إذا دافعنا عن أنفسنا نكون أعطينا القيادة للعنف، لهذا قال ابن آدم لأخيه: «لئن بسطت إليّ يدك لتقتلني ما أنا بباسطٍ يدي إليك لأقتلك»، فلسفة الإنسان كلّه في هذا الموقف، والأنبياء جميعًا، يقول القرآن إنّهم قالوا لنصبرنّ على ما آذيتمونا، فأوحى إليهم ربّهم لنُهْلِكَنَّ الظالمين... من هنا قلت إنّ الحرب ماتت ولا يمارسها إّلا الجهلة والخبثاء الذين يستغلّون جهل الجاهلين».

من الإجحاف في هذا الميدان أن لا نتذكّر موقف الدكتور محمّد عمّار، المؤسّس والقياديّ في «هيئة التنسيق الوطنيّة»، من العلاقة بين العنف والسياسة في 2010 حين قال: «كلّ من يؤمن بأنّ الحكم يمكن صناعته بالقوّة لم يشمّ رائحة السياسة ولن يشمّها أيضًا، وعندما تصل بالعسكر إلى الحكم، لن تستطيع الاحتفاظ بالحكم من غير العسكر، وعندها ستصبح أسيرهم وأسير قوّتهم، فالحراب كما يقول توينبي «لا تصلح أن نجلس عليها». وهذه الحالة ليست سياسة بل إلغاءٌ للسياسة وتكريسٌ لغيابها لمصلحة العنف. مصطلح سياسة في اللغة هو مصطلح فنّي أقرب إلى الجهد العقليّ منه إلى الجهد العضليّ. لكنّنا إلى الآن، لم نتمكّن من صناعة مناخٍ عقليّ يسمح لنا بالمراجعة وإعادة النظر، والتطلّع إلى آفاقٍ جديدة في العمل. ما زلنا مسكونين بآلام الماضي وأثمان العنف الذي لم تكن السلطة المتورّط الوحيد فيه، وإن تكن قد مارست أسوأه واستغلّت الأوضاع لتبطش بالجميع، لكن علينا أن نعترف بأنّنا لم نتمكّن من صناعة مناخ نظيف يُنتج السياسة ويقصي العنف

والعسكر». هذه الروح سمعناها في نيسان/أبريل 2011 في كلمة الشيخ معاذ الخطيب في عزاء معضميّة الشام: «عندما تخرج الناس تطالب بحقوقها المشروعة تقول: سلميّة، سلميّة، وهذا الأمر أيّها الإخوة هو وصيّتنا إلى الجميع، رجوعًا إلى كتاب الله إذ يعلّمنا: «لئن بسطت إليّ يدك لتقتلني ما أنا بباسطٍ يدي إليك لأقتلك»... لماذا؟ «إنّي أخاف الله ربّ العالمين»...». لقد استمرّت هذه الأصوات قويّة في وجه أصحاب الحنين إلى العنف، ففي 30 تمّوز/يوليو 2011، أصدر جودت سعيد ومعاذ الخطيب وخالد طيفور وخليل الأسمر وسعيد سلام وسليمان الزبيبي وآخـرون، بيانًا أكّد حرمة الدماء والأمـوال والأعـراض وتحريم الاقتتال الداخليّ وسلميّة الحراك الشعبيّ وتحريم القتل مهما كانت أسبابه. ودعا البيان إلى احترام الجيش السوريّ وعدم إدخاله طرفًا في الأزمة بل اعتباره ضمانة لحلّها بشكل سلميّ، وأكّد على وحدة التراب السوريّ ووحدة الشعب السوريّ ورفض الطائفيّة بكلّ أشكالها، معتبرًا حقوق الإنسان مقدّسة. في ذلك الوقت، تبنّت أهمّ القوى السياسيّة والمدنيّة في الداخل السوريّ اللاءات الثلاث التي أطلقتها في نيسان/ أبريل 2011 (لا للعنف، لا للطائفيّة ولا للتدخّل الخارجيّ).

لم تكن قنوات الحقد المذهبيّ تُدرك معنى فتاويها في الجهاد، ولم يستوعب العديد من المعارضين أنّ التستّر على سياسة التسليح العشوائيّة يستهدف القيم الثوريّة الكبرى للحراك المدنيّ في سوريا قبل استهدافه للسلطة الدكتاتوريّة، وبقدرة قادر تحوّلت السلميّة من مبدأ سامٍ إلى تهمة. وصارت اللاءات الثلاث علامة تواطؤ وتخاذل مع السلطة الدكتاتوريّة. لقد جرى توظيف أكثر المشاعر عدوانيّةً وغريزيّةً عند الإنسان السوريّ، الذي واجه أهمّ آلة للقمع السلطويّ في المشرق العربيّ، في عمليّة دفعٍ نحو حربٍ تقتل مشروع الثورة، وتحطّم

الطموحات المشروعة للمواطن في دولة ديمقراطيّة مدنيّة ذات سيادة، في وضح النهار.

في الأشهر الأولى، صمد المجتمع السوريّ في وجه التوحّش السلطويّ المُنتِج بالضرورة لكلّ تعبيرات الفعل العنفيّة من الكلاميّة إلى المسلّحة. بل وكذّب قانون نيوتن القائل بأنّ لكلّ فعل ردّ فعلٍ مساويًا له بالقوّة ومعاكسًا له في الاتّجاه. مع إصرار شعبيّ على القيم العليا للثورة التي ترفض الثأر وتطالب بالعدالة القضائيّة والاجتماعيّة، وتعتبر المساواة بين السوريّين على اختلاف مناهجهم وفرقهم ومللهم ونِحَلهم أساس جمهوريّة المواطنة. لكنّ نزف الجراح اتّسع، ودور الخارج والإعلام تَضخّم، وتحوّلت القضيّة السوريّة يومًا بعد يوم، إلى استراتيجيّات سلطة ونفوذ إقليميّ ودوليّ. ولم يكن بعيدًا عن كلّ هذا المال السياسيّ والتوظيف الإعلاميّ وتجارة البؤس التي مارستها أطرافٌ تعيش خارج البلد، أحيانًا منذ ثلاثة عقود، جعلتها ترى الدولة كلّها سلطةً والجيش كلّه عصابةً أو طائفة، وترى في ما يحدث فرصةً للثأر والانتقام لهزائم لم يرَها الجيل الثائر ولا تشكّل مرجعيّةً له، بل وفرصةً للحركات التكفيريّة غير السوريّة التي وجدت في سوريا أرضًا للجهاد ضدّ «الرافضة والنصيريّة والمجوس». هذا العنصر الخارجيّ الذي اختزل صوت الثورة في شعارات الثورة المضادّة، وحوّل واجهتها السياسيّة المقبولة غربيًّا وخليجيًّا إلى روّاد لفنادق النجوم الخمس ومؤتمرات وأروقة شبكات سياسيّة – ماليّة – إعلاميّة... جعل استنساخ المثال الليبيّ مقبولًا عند قطاعات من الرأي العامّ المنخرط في الحراك (العودة إلى علَم ما قبل النظام القائم، المطالبة بتدخّل الناتو، وتشكيل الفصائل العسكريّة باسم حماية المدنيّين...)، وذلك بدعوى «تحطيم الدكتاتوريّة وإنقاذ الثورة». وهذا ما حرم الحركة المدنيّة الشعبيّة من الأطر والطاقات الغنيّة القادرة على تطوير أدائها وإيصال سوريا إلى برّ الخلاص من الفساد والاستبداد.

من الضروري التذكير بأنّ عدد الضحايا في ليبيا كان قد وصل إلى 54 ألف قتيل في يوم الإعلان عن تشكيل الفصائل المسلّحة الأولى في سوريا، فيما لم يكن عدد شهداء الحراك المدنيّ قد بلغ وقتها أربعة آلاف بأعلى التقديرات.

قدّمت السلطة السياسيّة في الأشهر الستّة الأولى إلى الحركة الشعبيّة المدنيّة أسوأ ما عندها. وحقّقت في سياستها القمعيّة العنيفة عمليّة الانتقال في المجتمع من المواجهة السلميّة لعنف السلطة إلى السقوط في مستنقع التسلّط السلطويّ نفسه، منتقلةً بذلك إلى الأرض التي تتقن الديكتاتوريّة المواجهة عليها. وقد شكّل قرار السلطات الأمنيّة الإفراج عن قرابة 1400 «جهادي» من سجن صيدنايا في نهاية أيّار/مايو 2011، عمليّة دفع بمسلّحين شاركوا في أكثر من حربٍ في لبنان وكوسوفو وأفغانستان والعراق إلى الميدان، لأنّ الشارع السوريّ كان سلميًّا وكلّ ادّعاءات السلطة بوجود عصابات مسلّحة أصبحت تثير الاشمئزاز عند سامعيها.

ليس من الغريب أن تبثّ قناة الجزيرة في 8 حزيران/يونيو 2011، فيلمًا سيّئ الإخراج، لمقاتلٍ ملثّم يجلس وراء طاولته أعلى تلّة، يقول إنّها في الشمال السوريّ، أعلن فيه انطلاق الكفاح المسلّح ضدّ النظام بعد يومين من مجزرة جسر الشغور. تبع ذلك، في منتصف حزيران/يونيو 2011، بثّ الجزيرة فيلمًا مصوّرًا يعلن فيه عدد من المقاتلين ولادة «كتائب أحرار الشام» التي أسّسها حسّان عبّود بعد أقلّ من شهر على خروجه من سجن صيدنايا بعفوٍ رئاسيّ، حيث أفرجت السلطات الأمنيّة عنه، كما ذكرنا، مع عددٍ من الجهاديّين السلفيّين المعروفين، الذين تبوّأ عدد منهم قيادة «جيش الإسلام» و«صقور الشام» و«جبهة النصرة» في القلمون و«جند الأقصى»...

يمكن القول إنّ شهر رمضان في آب/أغسطس 2011 كان شهر الانتقال من الحراك الذاتيّ إلى الحراك المتأثّر بالعالمين الإعلاميّ والافتراضيّ الخارجيّ، ومن عالم السير على وتيرة الحركة الاجتماعيّة إلى عوالم السير على وتيرة التعبئة الخارجيّة. وقد تصاعدت بعلاقة جدليّة، نداءات التدخّل الخارجيّ وتطييف الصراع وعسكرته في وجه لاءات الثورة السلميّة الرافضة لهذا الثلاثيّ. ولا نستغرب صدور بيانٍ في العاشر من آب/أغسطس يعبّر تمامًا عن الثورة المضادّة التي وضعت 3 نعم بمواجهة لاءات «هيئة التنسيق الوطنيّة» الثلاث، تناولني شخصيًّا بالنقد والتجريح، ونشر على مواقع «الإخوان المسلمين» وموقع الشيخ يوسف القرضاوي، إذ بدأت تتراجع المطالب المحدّدة للتغيير الديمقراطيّ المدنيّ أمام شعارات كبيرة في ظاهرها، كارثيّة النتائج في واقعها، وحدث الانزلاق إلى مواجهات مسلّحة غيّبت المطالب التي بها ومن أجلها صارت الثورة السوريّة منارة للشعوب والأمم.

لقد أدركنا مبكرًا خطورة هذا الانزلاق. من هنا جاء توجّهنا المبكر إلى الجامعة العربيّة وموافقتنا في «هيئة التنسيق الوطنيّة» على حوارات تقريب أطراف المعارضة السياسيّة في الداخل والخارج. وقد حقّقنا بعد 38 يومًا من الحوار مع «المجلس الوطنيّ السوريّ» نصرًا كبيرًا لقيم انطلاقة الثورة وبرنامجها الأساس في اتّفاقٍ لم يكن مثاليًّا، ولكنّه ثبّت نقاط الارتكاز الجامعة لفكرة الدفاع عن الوطن والمواطنة ورفض التدخّل الخارجيّ ونبذ الطائفيّة، معتبرًا المقاومة المدنيّة السبيل الأرقى للوصول إلى الانتقال السلميّ للديمقراطيّة. في هذا المنعطف الهامّ، برز دور الخارج المتضخّم والمؤثّر، الذي لم يسمح لهذا الاتّفاق بالعيش أكثر من 12 ساعة. ومن المؤسف أنّ رئيس المجلس الوطنيّ، العلمانيّ، انسحب بخفّة وجبن عن التوقيع على هذا الاتّفاق، بل أكثر من ذلك، صمت عن تعبئة الغوغاء والإسلاميّين ضدّه ليتحوّل إلى جذام يتهرّب

منه القاصي والداني. بعد ذلك، لم يعد من الغريب أن يمسك الخارج بزمام التعبير السياسيّ السوريّ في المنفى، مع وعود خارجيّة بـ«الممرّ الإنسانيّ» (الكوريدور الإنسانيّ) حينًا، وبمناطق العزل الجوّي والمناطق الآمنة أحيانًا أخرى. بدأت عمليّة تعويم العسكرة والجيش الحرّ على قدمٍ وساق، بحيث صار من الصعب على أيّ طرفٍ سياسيّ سوريّ بإمكانيّاته الذاتيّة، أن يستجيب لمتطلّبات الولوج في حربٍ تهمّش الثورة السلميّة وتبعد بالضرورة الكتل البشريّة الواسعة عنها. ولشديد الأسف، خاضت نخبة سياسيّة من سوريّي الخارج معركة التسليح والتدويل بحيث اختلط عند الفصائل المسلّحة مفهوم الدولة بمفهوم النظام والجيش السوريّ بالجيش الأسديّ أو النصيريّ (حسب الأيديولوجيّة) وأزيلت الفروق بين الصراع الإقليميّ والدوليّ على سوريا، والصراع بين قوى التغيير المجتمعيّة والسياسيّة والمدنيّة من جهة والدكتاتوريّة من جهة ثانية. وجرى التطبيع مع قدوم «الجهاديّين» زرافات ووحدانًا من أكثر من أربعين بلدًا.

عندما صرختُ بحسرةٍ على إحدى القنوات: «اللي بده يجاهد يجاهد في بيت أبيه... تحضرون ألفًا من الشيشان فيأتي ألفان من لبنان، توقّفوا عن تدمير سوريا»، اتّصل بي أكثر من مسؤول في الائتلاف متسائلًا: هل تريد بقاء بشار الأسد في السلطة؟ ولكن أيضًا اتّصل أكثر من سفيرٍ أوروبيّ ليقول: «إنّهم يقومون بعملٍ جيّدٍ، هم يساعدونكم للخلاص من بشّار». (علمًا بأنّ عدد المقاتلين الأجانب الداخلين من الحدود التركيّة وصل إلى 120 ألف مقاتل وفق إحصائيّات «المرصد السوريّ لحقوق الإنسان» في 2017، قُتل أكثر من 60٪ منهم).

لا بدّ من التذكير بحقبة التحالف الإخوانيّ-الجهاديّ السلفيّ التي كان لها الدور الرئيس في عسكرة الصراع. بدأت علنيّة في 7 نيسان/ أبريل 2012 ببيان سلفيّ إخوانيّ وقّعه 107 شخصيّات من التيّارين

فيهم القرضاوي والقرني والغنّوشي والعودة، ثمّ بيان «حركة الإخوان المسلمين» في سوريا في 10 حزيران/يونيو 2013 تدعو فيه «كلّ من يؤمن بالله ربًا، وبمحمّدٍ نبيًا، وبسلف الأمّة الصالح نهجًا إلى الوقوف صفًا واحدًا للدفاع عن حمى العقيدة وحياض الوطن» وأنّ «على كلّ مسلمٍ على الجغرافيا الإسلاميّة، أن يحدِّدَ موقفَه ورايتَه: فإمّا أن يكون تحت راية الحقّ والعدل والخير، أو تحت راية الباطل والظلم والشرّ». وقد وصلت الرسالة إلى ذروتها في ستاد القاهرة في 15 يونيو/حزيران 2013 وإعلان 500 «عالم» إخوانيّ وجهاديّ سلفيّ الجهاد في سوريا بحضور الرئيس محمّد مرسي العيّاط.

كم انتظرنا في هذه الحقبة موقفًا جريئًا لما بقي من إعلان دمشق وبعض الشخصيّات العلمانيّة التي وضعها الإخوان واجهةً وقتئذٍ، موقفًا يرفض تأميم ما يجري في سوريا من قبل المسلّحين الإسلاميّين والنتائج الكارثيّة المترتّبة على ذلك، ولكن لقد أسمعت إذ ناديت حيًا. حتى بعض أصحابنا المعتدلين سقطوا في هذه الجعجعة، وكم أصبت بالإحباط يوم قال الشيخ معاذ الخطيب: «كلّ سلاح مقدّس» في دفاعه عن جبهة النصرة، وكان من واجبي أن أجيب يومها: «كلّ سلاح مدنّس، وحده حقّ السوريّين في الحياة مقدّس».

في لحظات التحوّل هذه، سارت السلطة على نهج القرارات الأحاديّة الجانب لما سمّته الإصلاح. فحاورت نفسها في صياغة دستورٍ جديد، وعادت حليمة إلى عاداتها القديمة في ما سمّته انتخابات«ها». وأصدرت عددًا من المراسيم والقرارات التي لم تنفّذ منها، على هزالتها وعقمها، شيئًا يُذكر.

لا يمكن وصف ما حدث بأمانة دون الخوض بصدقٍ وعمقٍ في كلمات ومصطلحات مثل فرق الموت أو الشبّيحة. إنّ وظيفة الميليشيات وطبيعة التسلّح غير الحكوميّ في سوريا، تمثّلتا في تغييب المشكلات الأساسيّة

التي أنجبت الثورة كالتهميش الاقتصاديّ والاجتماعيّ والسياسيّ وتصحّر المشروع السياسيّ للسلطة، والاغتيال المنهجيّ لفرص النضوج المدنيّ السياسيّ المجتمعيّ القادر على مواجهة أخطبوط الاستبداد-الفساد في البلاد، والأشكال الجديدة للفساد التي وُلدت مع التسلّح والمال السياسيّ والتبعيّة، فضلًا عن محو معالم وإمكانيّات الطريق السلميّة المحليّة من الاعتصام والإضراب العامّ، إلى العصيان المدنيّ العامّ القادر على شلّ وسائل الدفاع الأمنيّة العسكريّة للسلطة الدكتاتوريّة عند القوى المدنيّة في الداخل. لذا لا يُستغرب غياب القدرة عند قطاعات واسعة مشاركة داخل وخارج البلاد، على استيعاب الفرق بين السلطة والنظام والدولة. ولا يستغرب امتناع الفئات الأكثر فقرًا عن استخدام كلمات مثل البناء والتنمية والتشغيل وحقّ العمل والعدالة الاجتماعيّة، مقابل سهولة الاتّهام والقذف والتشهير بقوى وشخصيّات ديمقراطيّة ناضلت عقودًا ضدّ الدكتاتوريّة.

لقد سقط العديد من الشعبويّين في وهم «الجهاديّ السوريّ جميل مهما فعل»، فلم يعملوا على إعادة البوصلة الثوريّة إلى مكانها وتأكيد الأهداف الرئيسيّة والمهمّات الغير منجزة عوضًا عن تمزيق الجبهة الداخليّة للثوّار. كذلك جرى الاستخفاف بوسائل حماية السلم الأهليّ في الأوضاع الثوريّة وكأنّ لدى السوريّين كروموزومات مضادّة للصراعات الأهليّة المسلّحة. تعزّزت عند أوساط سياسيّة ليبراليّة ودينيّة في الخارج حالة عدميّة وطنيّة (خاصّة في التفاوض على الجولان والتدخّل العسكريّ الخارجيّ) فقدّمت للرأي العامّ العربيّ صورة جدّ سلبيّة عن المعارضة التي لا تميّز بين الاستقلال والتبعيّة في القرار السياسيّ. وأسهم الخطاب الداعي إلى دعم العسكرة والتدخّل الخارجيّ العسكريّ في إضعاف وعي وقدرة الثوّار على فكّ الارتباط مع آليّات قتل الثورة المدنيّة السلميّة. لا شكّ في أنّ المسؤوليّة تشمل القيادة السياسيّة التي فرضت ممثّلين

للمعارضة، والقيادة «السياديّة» في السلطة التي مَنحت للأجهزة الأمنيّة القيادة الفعليّة حتى في العمليّات العسكريّة. يُضاف إليها، الغموض السائد المتعمّد حول معنى ومبنى الحماية الدوليّة في القانون الدوليّ وقرارات مجلس الأمن، والقراءة المراهقة لأشكال الكوريدور الإنسانيّ المعروفة، وسهولة تعامل بروباغندا المعارضة مع الفصل السابع لميثاق الأمم المتّحدة وتبعاته، وتجميل وزخرفة تدخّل «الناتو» في كوسوفو وليبيا في طمسٍ متعمّد لتدخّلاته البائسة منذ تأسيس حلف شمال الأطلسيّ. وأخيرًا وليس آخرًا، الوضع المأساويّ لضحايا القمع والتوحّش الأمنيّ-العسكريّ الذي جعل الكثير منهم أسرى للأطراف التي تساعدهم للبقاء على قيد الحياة.

يمكن الإضافة أيضًا، أنّ أنصار المعارضة المسلّحة قدّموا أسوأ مثال لمن يظنّ أنّ العنف وسيلة خلاص، وذلك لدى فشلهم الذريع في: 1- جعل السياسيّ قائدًا للعسكريّ، 2- تحرير فصائلهم من أحاديّة المذهب والخطاب الإسلامويّ، 3- توحيد الرؤية والعمل والاستراتيجيّات.

لم يكن الخوف المركزيّ على الصورة الذاتيّة، أكانت تنظيميّة أم شخصيّة، حاضرًا بقدر ما كان الخوف من عمليّة التهديم المنهجيّ، بوعيٍ أو بغير وعي، للأخلاق الثوريّة والقيم الكبيرة التي تحملها الثورة يتصدّر كلّ منعطف. لقد ترسّخ لدينا الاقتناع مبكرًا بأنّ من الضروريّ توضيح التخوم بين المشروع المدنيّ الديمقراطيّ السلميّ وأيّ شكل من أشكال الصراع المسلّح والتعبئة الطائفيّة والتبعيّة السياسيّة والماليّة. لذا لم ولن نتوقّف عن الحديث عن مخاطر إلغاء الفروق بين الثورة والحرب، بين وسائل وخطاب الثوّار والسلطة، بين الانتماء لمستقبل سوريا الديمقراطيّ وحمل إرث الحقبة التسلّطيّة... فما أسهل أن تتحوّل الثورة إلى حربٍ داخليّة وحربٍ إقليميّة تعني إعطاء السلطة الأمنيّة، التي أوغلت في جرائم ضدّ الإنسانيّة، بالون أكسجين يطيل عمرها،

وتعيد انتساب ثلاثيّة «المدينة والأقليّات والمدنيّة» للحراك الثوريّ إلى المربّع الأوّل. كان الديمقراطيّون يعيشون تحت مطرقة «إضعاف الشعور القوميّ» في محاكمات السلطة الصوريّة، فأتانا سندان «إضعاف الشعور الثوريّ» في كلّ مرّة ننطق فيها برأيٍ أو نقدٍ أو نتحدّث فيها عن نقاط القوّة والضعف في مناهضة الدكتاتوريّة بالوسائل المسلّحة.

أحد الذين شاركوا في جملة المؤسّسات التي أوصلتنا إلى المآل الحاليّ، كتب أخيرًا «براءة ذمّة» ممّا جرى، متابعًا دوره في الهيئة السياسيّة للائتلاف في ازدواجيّة تُثير الشفقة:

«لقد حملت العَسكرة تحوّلًا في أهداف الثورة وطبيعتها، بدايةً من إضعاف السياسيّ لصالح العسكريّ، وإنهاء الجانب الشعبيّ، السلميّ، واستبداله بالقتال والرهان عليه، وصولًا إلى إزاحة فصائل الجيش الحرّ بتنوّعها، وتسويد القوى الإسلاميّة براياتها المختلفة التي اعتبرت الديمقراطيّة كفرًا فحذفتها من الرايات والخطابات، ومارست بديلًا ظلاميًّا، مقنّنًا بطبيعة المدارس الفقهيّة واختلافاتها، حتى جماعة «الإخوان المسلمين» لم تتقدّم كثيرًا في خطّها، ولم تنجح في تجسيد أسس وثيقة العهد التي أقرّتها، وكأنّها استكانت لتلك التطوّرات الإسلامويّة، أو وجدت فيها تناغمًا مع أصولها، ومعتقداتها الأساسيّة، وبما ينسجم وتركيب معظم أعضائها، وأدّى هذا التحوّل إلى تشويه صورة الثورة لدى قطاعات واسعة من حواضنها الشعبيّة التي راحت تنفضّ عنها، أو تصاب باليأس، وتجلّى ذلك في عدد من الفئات الاجتماعيّة التي لم تقتصر على «الأقلّيات الدينيّة والمذهبيّة» فقط، بل في عموم القطاعات، خاصّة في المدن، كذلك الأمر على صعيد التأييد الشعبيّ العربيّ لها، والرأي العالميّ الذي منحها التأييد في أشهرها الأولى، بل إنّ الأطراف الدوليّة التي اصطفّت مع الثورة، وشكّلت ما يُعرف بأصدقاء الشعب السوريّ، راح كثيرٌ منها يوظّف تحوّلات الثورة، وأسلمتها إلى

سبب لمواقف سلبيّة، وذريعة لإيقاف الدعم المتعدّد الأشكال». (عقاب يحيي، معوّقات عودة الديمقراطيّة إلى الثورة، 19 أيّار/مايو 2018)...

أعطت العسكرة الصدارة لأصحاب نظريّات «الجهاد العالميّ» أو «العنف الثوريّ»، محوّلةً مئات آلاف المواطنين السلميّين الذين انخرطوا في الحراك المدنيّ السلميّ إلى نازحين ولاجئين ومعتقلين وضحايا. في المناطق ذات الأغلبيّة الكرديّة، تحوّلت «وحدات حماية الشعب»، بخبرات 40 عامًا من القتال ضدّ الجيش التركيّ، إلى القوّة العسكريّة الوحيدة في «روج آفا»[16]. وقد سعينا المستطاع لكي لا تعيد إنتاج تجارب الحزب الواحد والفصيل القائد، خاصّةً في فترة استهداف داعش للمناطق الكرديّة في حرب شوفينيّة ضدّ الكورد بلباسٍ ظلاميّ دينيّ. وقفنا ضدّ تجنيد الأطفال واعتقال شخصيّات مدنيّة وسياسيّة،

[16] عند انطلاقة الحركة المدنيّة السلميّة في سوريا، وأثناء مشاركتي في منتدى أوسلو، خضت مناظرة حادّة مع الأب اليسوعي الفقيد باولو دالوليو حول العسكرة ونتائجها المدمّرة في سوريا، اقترب منّا دبلوماسيّ نرويجيّ ومسؤول من «منظّمة الحوار الإنسانيّ» (DH) فتابعنا النقاش معًا. نصحني الأب باولو بعدم قطع الجسور مع المقاتلين الإسلاميّين، فقلت له: أستغرب أن يقف أبٌ يسوعيّ مع العمل العسكريّ، لا يوجد مثال واحد لعسكرة حراك شعبيّ أعطت دولة مواطنة أو حكمًا ديمقراطيًا. علّق الدبلوماسيّ النرويجيّ: «أنتم بين فكّي كمّاشة، وفي التجارب البشريّة، كلّ الذين أخذوا موقفًا مشابهًا لموقفكم، كان مصيرهم الاغتيال»، أجبته: ما معنى الحياة بعد اغتيال مجتمع بأكمله؟ كلّ ما أتمنّاه أن يكون الاغتيال بعد تحقيق مكتسبات أساسيّة. بعدها بأشهر، سافر الأب باولو إلى الرقّة في الأسبوع الأخير من تمّوز/يوليو 2013 لمطالبة «الجهاديّين» بإطلاق سراح المخطوفين لأسباب دينيّة فقاموا بخطفه ثم قتله. كنت شخصيًا، لمعرفتي بأصول «داعش»، أرى في تمدّد هذه الظاهرة موتًا محتّمًا لكلّ آمال الناس في الحرّية والتغيير. وكانت هزيمة التنظيم في كوباني بالنسبة إلينا انتصارًا على الظلاميّة، وأهمّ أسباب قبول انتخابي غيابيًا لرئاسة «مجلس سوريا الديمقراطيّ». اتّصل بي الدبلوماسيّ النرويجيّ عينه مهنئًا وقال: «كما ترى، ليست العسكرة شرًّا مطلقًا». عندما ذهبت إلى شرقي الفرات، ورأيت بأمّ عيني أنّ العسكرة، حتّى في الثوب «الديمقراطيّ» تسلّطيّة بالضرورة، لم يكن بالإمكان أن أبقى في موقعٍ كهذا، فقدّمت استقالتي. بعدها بخمس سنوات، كتب لي أحد القياديّين في «مجلس سوريا الديمقراطيّ»: «نحن السياسيّين مجرّد بيادق، ولا نستطيع حتى المطالبة بالإفراج عن معتقل رأي؟!».

ودفعنا باتّجاه تشكيل «هيئة كرديّة عليا» تجمع مختلف التنظيمات الكرديّة في برنامج مدنيّ ديمقراطيّ وقيام جبهة وطنيّة ديمقراطيّة علمانيّة لعموم سوريا. إلّا أنّ القوّات الأميركيّة، التي تنظر إلى المنطقة من ثقب مصالحها الخاصّة، لم يكن يعنيها بحالٍ شكل أو مضمون أو ممارسات الإدارة الذاتيّة. ومنذ الطلب الذي قدّمه لي روبرت فورد للإفراج عن 24 معتقلًا سياسيًّا قبيل تركه منصبه، لم يتطرّق مسؤول أميركيّ واحد إلى أيّ موضوع يتعلّق بحقوق الإنسان والحرّيات الأساسيّة في شرقيّ الفرات. كان همّ الأميركيّ عودة أسماء معروفة من قيادة وحدات حماية الشعب إلى قنديل للحديث مع الأتراك عن فكّ ارتباط «قوّات سوريا الديمقراطيّة» بقيادة «حزب العمّال الكردستانيّ» ورهن القرار الكرديّ بالسياسة الأميركيّة قدر المستطاع. أمّا قيادة «حركة المجتمع الديمقراطيّ» (تف-دم) فتقوقعت إلى بروباغندا تسجيل نقاط للتاريخ بإعلان الفدراليّة على نهج «القائد أوجلان»، من جانب واحد في مهرجان «شعبيّ» على الطريقة البعثيّة، فيما هيمنت البزّة العسكريّة على السياسيّ والمجتمعيّ بشكل متكرّر للحكم التسلّطيّ.

ليس في التاريخ المعاصر حالةٌ واحدةٌ أعطى فيها العنف، «جهاديًّا» كان أو «ثوريًّا»، دولة مواطنة. وليس لدينا حالة واحدة لانتصارٍ عسكريّ في أوضاعٍ مشابهة لم تحمل فيروسات المذهبة والشوفينيّة والتطرّف والانتقام والاستئصال والثأر. لقد حذّرنا وما زلنا نحذّر من تداعيات العنف على التماسك الاجتماعيّ والسلم الأهليّ والوحدة السوريّة. كان العنف السياسيّ في التجربة السوريّة دفعًا مدروسًا ومتعمّدًا للحراك الاجتماعيّ نحو المذهبيّة والطائفيّة والتطرّف باعتبارها الحاضن الأوّل للموت والقتل والثأر.

الحرّية
Liberty / Liberté

يُنسب إلى أحد الحكماء قوله، «الحقّ أبو البشر والحرّية أمّهم»، وإن كان البشر اختلفوا، منذ آلاف السنين، على تعريف الحقّ، فمنذ قرابة 4500 عام على الأقلّ، لم يكن خلافهم على مفهوم الحرّية أقلّ حدّةً، ولعلّ الشعراء وحدهم، تمكّنوا من جعل هذه الكلمة أنشودةً لكلّ روحٍ بعيدًا عن قسوة التنظير.

قديمة كلمة الحرّية في المشرق قدم وجود الإنسان والحضارة. ورغم أنّ كلمة «أمارجي» السوريّة من أقدم تعبيراتها المعروفة، اختلفت لفظتها ودلالاتها باختلاف المراحل التاريخيّة، وضاقت بها الأيّام حينًا لزوايا الحانات شبه السرّية أو الصعاليك والمنبوذين، إلّا أنّه في كلّ المراحل، بقيت هذه الكلمة على صلةٍ وثيقة مع مفهوم الكرامة الإنسانيّة وفي الغالب موضوع مديح.

وإن تركنا الحضارات القديمة لضيق المجال، نجد في التراث المسيحيّ الشرقيّ نصوصًا متميّزةً للعديد من المنشقّين والفلاسفة المشارقة، فيشبّه أفرام السوريّ (306-373 م) مثلًا الحرّية بنشوةٍ بالغة واصفًا إيّاها بأنّها «هبة الله» التي قدّمها لآدم، باعتبارها أجلّ هديّةٍ موعودة. وفي مديحه لها يقول: «إنّها صورة الله التي بدونها ينهار العالم». فبالنسبة إليه، إنّ مجرّد اسم الحرّية، باستعارة تعبير روزنتال، «يشي بوجود الإنسان الحرّ غير الرقيق، ويشير إلى قوّة الانطلاق لا الاستعباد، إلى الانعتاق لا التقيّد، إلى الإرادة لا الطبيعة».

من جهته، نشأ الإسلام في وجودٍ متعدّد الأديان والآلهة، وإن كانت قطيعته مع الوثنيّة مبكرة نسبيًّا، إلّا أنّ الآيات المكّية بقيت تقرّ التعدّديّة مع الكفر، فيما تكثّفه سورة «الكافرون»: «لا أعبد ما تعبدون

ولا أنتم عابدون ما أعبد... لكم دينكم ولي دين». وقد رفض الإسلام الأوّل الإكراه في الدين بصريح النصّ وبما لا يقبل الجدل «لا إكراهَ في الدين» (البقرة 256)، «ولو شاء ربّك لآمن من في الأرض كلّهم جميعًا أفأنت تكره الناس حتى يكونوا مؤمنين» (يونس 99).

هذا الحزم يترافق مع قبول التعايش ما بين الدينيّ والاعتقاديّ الذي انحصر لاحقًا في ما يقع في تعريف أهل الكتاب. ويرفض القرآن من حيث المبدأ مباشرة الاعتداء على الغير «فإنِ اعتزلوكم فلم يقاتلوكم وألقَوْا إليكم السَلَمَ فما جعَلَ اللهُ لكم عليهم سبيلًا» (النساء 90).

تجاوزت الدولة الإسلاميّة منذ نشأتها آيات التسامح المكّية، مقيمةً سلطانها بالقوّة من دون أن يكون ذلك باستمرار بموازاة العدل. ورغم قرار عمر بن الخطّاب رفع الرقّ عن كلّ عربيّ وجملته الشهيرة «متى استعبدتم الناس وقد ولدتهم أمّهاتهم أحرارًا»، تميّز عهده بإبعاد أهل الكتاب من الجزيرة العربيّة والمفاضلة في العطاء والاعتبار بين المسلمين أنفسهم، حيث تعزّزت هذه المفاضلة في عهد عثمان وفي سقف عائليّ ضيّق. ومنذ الصراعات السياسيّة الأولى في الإسلام، بدأت نزعة بناء منظومة توتاليتاريّة مقيّدة لمفهوم الحريّة الدينيّة والفرديّة ومحجّمة لروح التسامح تأخذ طريقها نحو الاتّجاهات الأرثوذكسيّة الناشئة فيه.

في أيّ منظومة توتاليتاريّة، يتجاوز الممنوع حدود العلاقة بين الذات والآخر إلى تلك المتعلّقة بما هو ذاتيّ، ولا تميّز الأوامر والنواهي بين الخاصّ والعامّ، الشخصيّ والاجتماعيّ، الذاتيّ والموضوعيّ، وتغزو معالم الحياة بشكل سرطانيّ. هذا التدخّل المفرط في حياة الأفراد يعمّم الممنوعات ويعزّز النظرة القدريّة وأشكال الطاعة ويربط أيّ ممارسة للحرّية في القواعد الشرعيّة بالإباحة. وكلّما تقدّمت الطبيعة الشموليّة للدين والدولة، تمّ تحديد وتعريف كلّ ما يخالف الناموس في النظريّة والحياة المَعيشة، واعتُدي على البشر في آخر معاقل دفاعهم عن

حريّتهم. وعندما تتحوّل كلمة الحرّية إلى مصدر فتنة، يصبح من الواجب تتبّعها عبر كلمات ومفاهيم محدّدة مستنبطة من المعطيات التاريخيّة التي حكمت سيرورة هذه الكلمة سواء في تاريخ الفكر السياسيّ أو في تاريخ الحركات الاجتماعيّة والفكريّة. وفي هذا الإطار، نجد من المهمّ جدًّا تتبّع جذور مفاهيم الحرّية في التاريخ العربيّ الإسلاميّ عبر كلمات أربع: الاختيار، الإباحة، العقل والتسامح.

مُسيّر أم مُخيّر؟

في محاولة للردّ على هذا السؤال نشأت أولى الصراعات الفكريّة في الإسلام، ومنه انطلقت أهمّ تعاريف المسؤوليّة القضائيّة والسياسيّة والدينيّة، وقد كان هذا الحوار-الصراع، برأينا، الأب الروحيّ للاجتهاد، أهمّ نتاجات الفقه الإسلاميّ دون منازع. وليس بالصدفة وحدها تزامن إغلاق باب الاجتهاد مع ضرب الحوار الإسلامي-الإسلامي حول الاختيار وانتصار مدرسة «القوم الحشو الذين يعتقدون أنّ الفاسق إذا يغلب على الأمر صار إمامًا وصار أحقّ بالأمر، ويزعمون فيمن يخرج بعدهم أنّه خارجيّ وإن كان قد بلغ الغاية في الفضل» (القاضي عبد الجبّار).

في نصّ متأخّر، يربط مسكويه بين الاختيار والخير بقوله: «الاختيار اشتقاقه بحسب اللغة من الخير، أي فعل ما هو خير له: إمّا على الحقيقة، وإمّا بحسب ظنّه، وإن لم يكن خيرًا له بالحقيقة». وفي بيان فضل الاختيار كتب الجاحظ في «كتاب الحيوان»: «متى ذهب التخيير ذهب التمييز، ولم يكن للعالم تثبّت وتوقّف وتعلّم، ولم يكن علم، ولا يُعرف باب التبيّن ولا دفع مضرّة ولا اجتناب منفعة ولا صبر على مكروه ولا شكر على محبوب ولا تفاضل في بيان ولا تنافس في درجة».

إن كان الاختيار أوّل تعبير مفهوميّ عن الحرّية في الإسلام، فعند العجاردة من الخوارج في القرن الثامن للميلاد ظهر أوّل تعبير تطبيقي

79

مباشر له، حيث اتّفقت فرقها العشر على القول بأنّ «الطفل يُدعى إذا بلغ، وتجب البراءة منه قبل ذلك حتى يُدعى إلى الإسلام أو يصفه هو»، وينقل البغدادي عنهم القول: «ليس لأطفال المؤمنين ولا لأطفال المشركين ولاية ولا عداوة حتى يدركوا (سنّ البلوغ) فيدعوا إلى الإسلام فيقبلوا أو ينكروا» (الفرق بين الفرق، ص: 76). وبهذا أقرّ العجاردة قبل 14 قرنًا من إعلان حقوق الطفل، بمحتوى أكثر موادّه حساسيّة وأهمّية في المجتمعات الإسلاميّة اليوم: حقّ الطفل في حرّية الاعتقاد والاختيار.

كانت الإمامة منذ البدء، أحد الأسباب والدوافع الأساسيّة لصراع الآراء، وقد رسا رأي أهل الاختيار إلى القول فيها: «قد ثبت بالشرع أنّ الصلاح في إقامة «الأمراء» و«العمّال» و«الحكام» أن يكون على الاجتهاد والاختيار»... فقد «بيّنا أن لا نصّ في الإمامة يُتّبع وأنّ الواجب فيها هو الاختيار» (القاضي عبد الجبّار). وقد شاركهم الرأي كلّ من وافق سليمان بن جرير الزيدي على أنّ «الإمامة شورى» وأكّد رفض مبدأ الغلبة والاستبداد بالحكم.

كذلك كان دور الإنسان في هذا العالم من أهمّ التساؤلات، ويستقرّ الرأي للجاحظ على القول «كلّ شيء في العالم فإنّما هو للإنسان، ولكلّ مختبر ومختار، ولأهل القول والاستطاعة، ولأهل التبيّن والرويّة» (كتاب الحيوان) ويخاطب ابن عربيّ الإنسان قائلًا: «الدين من فعلك. فما سعدت إلّا بما كان منك» (فصوص الحكم).

قام سهم من عُرف بأصحاب الإباحة في باع الحرّيات على قولهم بإسقاط المفروضات (جزئيًا أو كليًا) وإعادة تعريف أو إلغاء المحرّمات. ويضع مصنّفو المِلل والنِحل فرق البيانيّة والمغيريّة والجناحيّة والمنصوريّة والخطابيّة والحلوليّة والمقنعيّة والخرميّة في إطار من أباح محرّمات الشريعة وأسقط وجوب فرائضها. في هذا السياق، ينقل لنا أكثر من مؤرّخ صلة القرابة بين دعوة بابك الخرميّ ومزدك القائل بترك

استبداد الناس بعضهم على بعض وإباحة الشهوات والاختلاط وأفعال الخير وترك القتل، فيقول المقدسيّ في الخرميّة «كل ذي دين مصيب عندهم إذا كان راجي ثواب وخاشي عقاب ولا يرون تهجينه والتخطّي إليه بالمكروه ما لم يردّ كيد ملّتهم وخسف مذهبهم ويتجنّبون الدماء جدًّا إلّا عند عقد راية الخلاف» (البدء والتاريخ).

ويؤكّد البغدادي حرّية المعتقد عندهم بقوله: «وقد بنوا في جبلهم مساجد للمسلمين يؤذّن فيها المسلمون وهم يعلّمون أولادهم القرآن لكنّهم لا يصلّون في السرّ ولا يصومون في شهر رمضان ولا يرون جهاد الكفرة».

لقد قيل في القرامطة ما قيل في الخرميّة، وشملت آراء الإباحة ما عُرف بعصبة المجون من الشعراء والأدباء وكذلك الغلاة. وفي داخل الإسلام الأرثوذكسي كان ثمّة من يؤيّد القاعدة الشرعيّة «الأصل في الأشياء الإباحة» في وجه المبالغة في الضوابط والممنوعات، ونجد العديد من الآراء التي تصبّ في هذا المنحى عند أبي حنيفة والفخر الرازي وبعض الأشاعرة وبعض ما رُوي عن جعفر الصادق. كذلك سجّلت الإسماعيليّة والدرزيّة انتصارًا نسبيًّا للعقل على النقل والترخيص على التكليف والتأويل على حرفيّة النصّ.

يربط مسكويه بين الاختيار والعقل، قائلًا: «الجهة التي تختصّ الإنسان من جهات الفعل المتعلّقة بالفكر وإجالة الرأي المسمّى بالاختيار هي ثمرة العقل ونتيجته، ولولا هذه الجهة لما كان لوجود العقل فائدة؛ بل يصير وجوده عبثًا ولغوًا. ونحن نتيقّن أنّ العقل أجلّ الموجودات وأشرف ما منّ الله تعالى به ووهبه للإنسان» (التوحيديّ ومسكويه، الهوامل والشوامل). كما يلاحظ المتتّبع، فقد اعتبر أهل الاختيار وأهل الإلحاد في التاريخ العربيّ الإسلاميّ العقل أغلى قيمة وأفضل مرجع، وقد ذُكرت في العقل أحاديث ومآثر لا حصر لها مثل «أوّل ما خلق الله

العقل» و«إنّما يدرك الخير كلّه بالعقل ولا دين لمن لا عقل له». وبه تمّ الرّد على أهل الجبر والسلف في الإسلام وعلى قضيّة النبوّة والأديان في الصراع بين المعرفة الدينيّة والمعرفة الحكميّة. يؤكّد فخر الدين الرازي الصلة بين الحريّة والعقل بالقول: «الحرّية عفّة غريزيّة للنفس لا التي تكون بالتعويد والتعليم وإن كانت تلك أيضًا فاضلة وهي معنى قول أرسطو: الحريّة ملكة نفسانيّة حارسة للنفس حراسةً جوهريّة لا صناعيّة. وبالجملة، فكلّما كانت النفس علاقتها البدنيّة أضعف وعلاقتها العقليّة أقوى؛ كانت أكثر حرّية» (المباحث الشرقيّة).

«الأصل في الناس الحرّية» يؤكّد السرخسي، ويُسهب الفخر الرازي في تكريم الإعتاق من العبوديّة قائلًا «التحرير عبارة عن جعله حرًّا، والحرّ هو الخالص، ولمّا كان الإنسان في أصل الخلقة خُلق ليكون مالكًا للأشياء كما قال تعالى (خلق لكم ما في الأرض جميعًا)، فكونه مملوكًا يكون صفة تكدّر مقتضى الإنسانيّة وتشوّشها».

تعود جذور فكرة التسامح إلى القرآن المكّي حيث نجد أصول ما قيل في قبول الاختلاف ورفض الإكراه في المعتقد، ويُنسب إلى النبيّ محمّد قوله «الحقيقة ضالّة المؤمن يأخذها أنّى وجدها ولا يبالي من أيّ وعاء خرجت». وقد أخلص الإمام أبو حنيفة لهذا النهج بقوله «هذا الذي نحن فيه رأي لا نجبر أحدًا عليه ولا نقول يجب على أحد قبوله بكراهيّة. فمن كان عنده شيء أحسن منه فليأت به».

ويسطّر ابن عربي احترام الرأي المخالف شعرًا فيقول:

لقد كنت قبل اليوم أنكر صاحبي ... إذا لم يكن ديني إلى دينه دانِ
لقد صار قلبي قابلًا كلَّ صورةٍ ... فمرعًى لغزلانٍ وديرٌ لرهبانِ
وبيتٌ لأوثانٍ وكعبةُ طائفٍ ... وألواحُ توراةٍ ومُصحف قرآنِ
أدين بدين الحبّ أنّى توجّهَتْ ... ركائبُه فالحبّ ديني وإيماني

ويبحث عبد الكريم الجيلي عن الحقيقة أنّى قدرها دون الوقوف عند حدود دين:

فطورًا تراني في المساجد راكعًا   وإنّيَ طورًا في الكنائس راتع
إذا كنت في حكم الشريعة عاصيًا   فإنّي في علم الحقيقة طائع

ما دُمنا مدفوعين بهاجس البحث عن الحقيقة، فلنعرّج على ندوات الفلسفة والكلام التي عرفتها بغداد في فترة نهضة المشرق، ولنترك لمرجعٍ إسبانيّ الحديث لينقل لنا مشهدًا من تلك الحقبة:

«سأل عالمٌ من القيروان تقيًّا ثيولوجيًّا إسبانيًّا عائدًا من رحلة إلى بغداد فيما إذا حضر أثناء وجوده في المدينة جلسة من جلسات المتكلّمين.

– لقد حضرت جلستين، أجاب الإسبانيّ، بعدها حرصت على ألّا أعود.

– لماذا؟ طلب إليه متحدّثه.

– سأترك لك أن تحكم، أجاب الرحّالة، في المرّة الأولى التي حضرتها؛ لم يكن هناك فقط مسلمون من كلّ الملل، أرثوذكسيّة وهرطقيّة، بل أيضًا الكفّار والمجوس، المادّيون والملحدون، اليهود والمسيحيّون، بكلمة، الشكّاكون من كلّ صنف. لكلّ طائفةٍ شيخها المكلّف بالدفاع عن آرائه التي ينشرها؛ وفي كلّ مرّة يدخل فيها شيخ القاعة، يقف الجميع احترامًا له ولا يجلس أحد قبل جلوس الشيخ. ولم تمض فترة، إلّا وامتلأت القاعة، عندها وقف أحد الكفّار وقال: «نحن مجتمعون لنعقل الأشياء وأنتم تعرفون الشروط، أمّا أنتم أيّها المسلمون فليس بإمكانكم اتّخاذ حجّة علينا ما تأخذون من كتابكم أو من سلطان نبيّكم، فنحن لا نعتقد بالأوّل أو بالثاني، وعلى كلّ واحد منّا أن يقتصر على البراهين المستنبطة من العقل»، وقد صفّق الجميع له.

أتفهمني؟ أضاف الإسبانيّ، بعد سماع أشياء كهذه لم أعد مرّة ثانية إلى هذا المجلس، وقد اقترحوا عليّ زيارة مجلس آخر، فكانت الفضيحة عينها».

مع أفول الحضارة العربيّة الإسلاميّة تحوّل الحديث في الحرّية أو مقوّماتها إلى أسطر تتوازعها مخطوطات أفراد مهمّشين، وذهب المشعل إلى أوروبا مع حركة الترجمة. ونُقِل من الشرق رأي سقراط بأنّ النقاش الحرّ وحده يجعل الحياة جديرة بأن تعاش مؤيّدًا من بعض فلاسفته، واعتُمد مذهب ابن رشد حول ازدواجيّة الحقيقة لإعادة الاعتبار إلى الفلسفة دون فتح النار مباشرة على الكنيسة.

ليس هناك مجال أو متّسع هنا لاستعراض تجربة أوروبا الحديثة مع الحرّية، فرهان الحرّية في الرأي والمعتقد، السياسة والاقتصاد، الاجتماع والقانون، قد بلغ المدى الأبعد في المجتمع الصناعيّ الغربيّ. لقد أدّى الإصلاح الدينيّ دورًا هامًّا في تعزيز فكرة التسامح ونقد جهاز الكنيسة، إلّا أنّ الحرّية أخذت مكانها في كتابات التنوير الأولى مع بداية انهيار العالم القديم وولادة مرحلة تاريخيّة جديدة. وإن كان روسو اعتبر الحرّية حقًّا طبيعيًّا، الأمر الذي لا ينطبق برأيه على الملكيّة، وعرّف الحرّية بقوله: «هي تسيير الذات، وطاعة الشخص لقانونه الخاصّ»، فقد عاد دستور الثورة الفرنسيّة عن هذا المفهوم ليجعل من الحرّية هدف الحكم غير الممكن تحقيقه إلّا بسعي كلّ شخص لتلبية حاجاته؛ فيما يُفترض التبادل والوساطة الاقتصاديّة والماليّة وتقسيم العمل.

لم يشكّل إعلان حقوق الإنسان والمواطن مادّة إجماع في عهده، وكما انتقده المحافظون، كان ثمّة نقد من الراديكاليّين الذين أدانوا المفهوم الشكليّ للحرّية مطالبين بالحرّية الفعليّة. ويشكّل «بيان المتساوين» (1795) لسلفيان ماريشال أحسن تعبير لطموح البحث عن الحرّية، والمساواة الفعليّة التي يطالب بها في «جمهوريّة المتساوين» وقد جاء

في هذا البيان: «إنّ ما نحتاج إليه ليس فحسب المساواة المثبتة في إعلان حقوق الإنسان والمواطن، إنّنا نريدها في ما بيننا وتحت أسقف منازلنا». هذا النقد يمكن تتبّعه عند روّاد الديمقراطيّة المباشرة منذ «السان كيلوت». وقد أخذ مفهوم الحريّة عند البعض منحى آخر يرفض ربطها بأيّ عقدٍ اجتماعيّ يلجم من عقالها، ولعلّ للماركيز دو ساد الريادة، إن لم يكن الأسبقيّة، في هذا الاتّجاه.

وبين صلة الحرّية بمبدأ الكفاية المادّية، والعلاقة بين الحرّية والضرورة، تعدّدت وجهات النظر، فالحرّية في المجتمعات الغربيّة أعطت الحقّ للعقل في محاكمتها ولوسائل الاتّصال في وضعها يوميًّا تحت المجهر وللنقّاد إطلاق العنان لرأيهم وللموسوعيّين تصنيفها (في الموسوعة العالميّة ترد كلمة الحرّية في 2819 مادّة فيما ترد كلمة الحرب في 6233 مادّة). إلّا أنّ هذه الأمثلة عينها، تُبدي مدى هشاشة الحرّية غير المتكافئة للعاطل من العمل مع تلك التي يتمتّع بها ربّ العمل، ولاإنسانيّة فكرة التفوّق والانتقاء بين الأفراد التي لم تُستبدل بعد، حتى في القيم والتربية، بالتفوّق الذاتيّ وفق الإمكانيّات الذاتيّة. ولا تكتفي المنافسة «الحرّة» بخلق تمايز هائل في مستويات المعيشة بين الشعوب بل تنخر في جسد الحياة اليوميّة للإنسان والمجتمع في الشمال كما في الجنوب وتقلّل من إمكانيّات الطبيعة في السماح للجنس البشري بالحياة على سطح البسيطة.

ولكن هل من درسٍ تتعلّمه البشريّة غير أنّ الحريّة كمبدأ، تشكّل الوضع الأفضل لمناقشة مشكلات البشريّة، وأنّ هذا بحدّ ذاته يربط مصيرها بالإنسان ومصير الإنسانيّة بها؟

يقول أعداء الحرّية بأنّ حرّية علاقات الجنسين في الستينيّات قد ارتبطت بالخشية من الحياة (الحمل) وها هي اليوم ترتبط بالخشية من

الموت (الأيدز)، فهل تستحقّ كلّ هذه المخاطرة، ويتساءلون: ألم يصل هتلر إلى السلطة بالانتخاب الحرّ؟

وحده من يجعل من الديمقراطيّة دينًا يعتقد بأنّها كاملة لا ضعف فيها، وإن توصّل البشر إلى انتخاب قوّة فاشيّة في مكان وزمان معيّنين، فإنّ الأنظمة الأوتوريتاريّة لم تقدّم سوى طغاة ومستبدّين. فالإحساس بالمسؤوليّة الذي تؤصّله النفس الحرّة يبقى أكثر نضجًا ووعيًا وعطاءً منه عند جملة حالات القمع والكبت التي تنتجها المجتمعات التسلّطيّة والشموليّة.

الحرّية هي الشرط الواجب الوجوب لوجود الإنسان في ذاته ومن أجل ذاته، ونعني بالحرّية، بكل بساطة، الحاسّة الأولى للإنسان، هذه الحاسّة المكبوتة والمقموعة بشتّى الوسائل المؤسّساتيّة والسلطويّة التي تقولب حياة البشر وتجعل من المال والسلطة والروابط العضويّة أسيادًا على طبيعته. هذه الحرّية لا عمر لها ولا لون ولا جنس ولا طائفة ولا لغة. ليس ثمّة بشر صالحون للحرّية وآخرون لا يستحقّونها، وما من حاكمٍ أو حزب أو مثقّف يمتلك الحقّ في تأطيرها وتقطيرها خدمةً لمصالحه الخاصّة، وما من دليلٍ على ارتباطها بتطوّر معيّن أو شعب معيّن... إنّها قابعة في كلّ إنسان، ولو حُرم أو حرّم على نفسه استنشاقها. ومن هنا فهي مبيد الكذب والنفاق وقاتل الازدواجيّة والفصام ومُقلّم العدوانيّة والظلم والجوع.

«الحرّية تشبه شرّاقة هواء» يقول أندريه بروتون، «كي تؤدّي شرّاقة الهواء دورها، عليها أن تذهب بكلّ روائح الماضي العفنة» يضيف بنجامان بيريه.

تبقى كلمة الحرّية شرطًا ضروريًّا لإشباع حصّتنا الحيويّة من الحلم، فلم تعلّمنا القوى الاستبداديّة والاستلابيّة الخوف من الحرّية إلّا لكي تتمكّن من الاستمرار في استعبادنا.

في التاويّة

On Taoism / Sur le Taoïsme

بخلاف الكونفوشيّة والبوذيّة، ليس للتاويّة رمزٌ مؤسّسٌ يعطيها تاريخًا ويمنح انطلاقتها شكلًا. لقد تكوّنت شيئًا فشيئًا من عدّة تيّارات نشأت في أعماق الصين القديمة، وتبلورت عبر القرون محتفظةً بروح النشأة مع الاغتناء المستمرّ بدخول عناصر جديدة عليها. وهي بهذا المعنى مخزن حقيقيّ للتراث الثقافيّ الشعبيّ والمعرفيّ والدينيّ في الصين عبر العصور، لكونها نشأت وترعرعت خارج الأطر الرسميّة، وبقيت بدرجة أو بأخرى، مستهدفة ومحاربة من هذه الأطر.

تعني كلمة Tao أو Dao المبدأ المنظّم للكون. ويحاول المصنّفون اللاحقون لأوائل من جسّد التاويّة في الذاكرة الجماعيّة إعطاء التاو مفهوم «المنظومة المطلقة للإتقان في كلّ شيء». أمّا كتاب «الطريق والفضيلة» فيورد الآتي: «كان هناك شيءٌ ما في حالة اندماج قبل تشكّل السماء والأرض، هادئ، يفوق الوصف، وحيد الوجود لا يتغيّر، يدور ولا يتعب، يمكننا اعتباره أُمّ كل شيء تحت السماء ولكنّنا نجهل اسمه، أنا أسمّيه داو، وإن كان لا بدّ من اسم له فسيكون «الكبير»».

إلّا أنّ كلمة تاو تعني أيضًا، بل وأوّلًا، أسلوب أو طريق غير مغلق التعريف وغير منغلق على نفسه. فلا يمكن للتاو أن يكون مصدر العالم وروح الحياة ويكون في الوقت نفسه عقيمًا ومحدود الأفق. من هنا، ليس التاو كلّي القدرة والتفرّد أو أحاديّ المرجع وليس له شعبه المختار، كذلك ليس لديه مفهوم منجز ونهائيّ للحقّ لكونه كالحقيقة ليس واحدًا وهو في كلّ الأحوال غير مطلق. على العكس من ذلك، هناك رفضٌ أوّليّ لمخاطر الإطلاق المركزيّ الذي يجلب العنف، ورفضٌ لفكرة الدين المتفوّق والفرقة الناجية. فهو الصورة الكبيرة بدون صورة، الأمر

الذي يعني بالضرورة تعدّد الصور ورفض التعصّب. والتاو نداءٌ دائمٌ إلى الماوراء، المابعد: «مهما فعلت فلم تكتشف بعد». من هنا رفضت التاويّة مبدأ التبشير والتوسّع، وتعريفها عن ذاتها إنّما ينطلق أوّلًا من ضرورة الدفاع عن النفس وعدم الجهل بما هي عليه في الحال والمقال.

لا توجد قوانين أزليّة، والذي يدّعي امتلاك نظرة للحقّ عليه أن يعترف بنظرة غيره له. فحيث الحق معترف به، يجب الاعتراف بنقيضه والعكس صحيح.

«ليس علينا الخوف من غير المنجز»، فهو وحده يعلّمنا التواضع والحكمة، وبقدر ما ينجح الإنسان في إدخال اللانهائيّ في النهائيّ، يتقدّم أكثر في اكتشاف النفس والكون.

تقول بعض المصادر إنّ لاو تسي (Lao Zi) أو «المعلّم الكبير» كان فلكيًّا ومؤرشفًا في قصر Zhon في القرن السادس قبل الميلاد، وهناك روايات عن لقائه بكونفوشيوس. أمّا كتاب «الطريق والفضيلة» (Doade Jing) الذي يُنسب إليه فقد كتب معظمه على أغلب الظنّ في أوائل القرن الثالث قبل الميلاد. وأهميّة هذا الكتاب تكمن في تأسيس فكرة ضعف الدولة كعلامة حضاريّة لقوّتها (قوّة الحكم في هشاشته وطغيانه في جبروته). فترك الهامش واسعًا للمجتمع كي يعيش دون تدخّل من فوق، يُعطي القوّة للمجتمع والسلطة. الملوك الكبار هم الذين يعرف الشعب بوجودهم فحسب، والأسوأ من الملوك هو من يحسب الشعب حسابه. يقوم الملك الحقّ بمهمّته ويدير شؤون دولته ويترك الشعب يتبع سبيله في العيش. وتتلخّص المدينة الفاضلة عند لاو زي في تلك القرية البريئة البسيطة والبدائيّة التي يستلذّ فيها المرء بطعم ما يأكل ويحبّ ما يلبس ويشعر بالسلام والطمأنينة من حوله.

الاسم الثاني بعد لاو تسي في التاويّة هو زوانغ تسي الذي عاش في القرن الرابع قبل الميلاد ويتميّز إنتاجه بالعمق والتأمّل. وكصوت

شاجب ومعترض وناقد ومحرّض، يعتبر زوانغ تسي الهدم من وسائل إعادة البناء، ويضع موضع الشكّ التكوينات الذهنيّة الجماعيّة الضروريّة للكلّ الاجتماعيّ وللتواصل بين الأفراد والجماعات، انطلاقًا من مبدأ الترابط والتفاعل بين الأشياء في أسلوبٍ يقوم على الاستجواب دون إعطاء الإجابة.

«– هل تعرف شيئًا مقبولًا من كل البشر؟

– كيف يمكنني معرفة ذلك!

– هل تعلم ما تجهل؟

– كيف يمكنني معرفة ذلك!

– إذن ليس هناك ما هو قابل للمعرفة.

– كيف يمكنني معرفة ذلك!».

إنّ العالم الذي نعيشه ونصنعه ليس سوى أحد العوالم الممكنة، وهو ليس أكثر واقعيّة من أحلامنا المرافقة لنا، الأمر الذي يفترض أن تتّسع العقلانيّة لتشمل هامشًا لاعقلانيًّا فيه حصّة هامّة من غير المؤكّد والمجهول والغيبيّات.

تحثّ التاويّة على إعادة النظر في عناصر قبلناها وتعايشنا معها على أنّها بديهيّات كالحرب والتوسّع والعدالة القائمة على العقاب والأشكال الموجّهة للتعليم. وعلى هذا الأساس تُطرح قضيّة الحقّ والواجب، العقاب والمكافأة... لقد تعلّم البشر أنّه لا يحقّ للمرء سرقة قطعة خبز من الجار، ولكنّهم لم يتعوّدوا على استنكار أعمال يمكن أن تحطّم الجار وعائلته عبر ممارسات تجري في حدود القانون ولو أنّها تتمّ في غياب أيّ وازعٍ أخلاقيّ. هنا يمكن تهنئة الشخص الذي حطّم جاره على براعته وشطارته في الأعمال وقدراته الخارقة على التنافس والتسابق وإلحاق الهزيمة بالآخر. يجب أن لا تغرّنا الأسماء واللافتات في الحديث عن

الحقّ والعدل، فحسب لاو تسي: «عندما تكون هناك قوانين كثيرة، يكون هناك جرائم كثيرة».

القضاء على الجريمة في هذا المنطلق لا يكون بالوعظ أو القمع العامّ: «لا أحد يستطيع مساعدة أخيه إلّا بإعطائه الطعام إن جاع والعلاج إن مرض، إلّا إذا ما دعاه للتفكير في نفسه بنفسه. وهذا ما ننجح فيه عند إعطاء المثل أكثر من الكلام حيث أحيانًا لا ننجح البتّة».

بارتولوميو دولاس كاساس (1474-1566)
Bartolomé De las Casas

وُلد بارتولوميو دولاس كاساس في مدينة إشبيلية في الأندلس لعائلة تجاريّة ميسورة من أصدقاء كريستوف كولومبس. عام 1502، اختار الذهاب كفاتحٍ (Conquistador) إلى «إسبانيا الجديدة» كما كانت القارّة الأميركيّة تُدعى يومها، وقد تلقّى «حقّ» استعمال الأرض والبشر المسمّى Encomienda، وهو مؤسّسة إقطاعيّة تجعل من الشخص سيّدًا على قريةٍ أو أرض، وتُطوّع من يسكن فيها لخدمته (سبق للقانون نفسه أن طُبّق في الأندلس عند سقوط الدولة العربيّة الإسلاميّة).

منذ 1503، شهد بارتولوميو عمليّة تسليم قرى ومناطق بأكملها للمستوطنين لاستغلال الأرض والمناجم مع حقّ استعباد السكّان الأصليّين «مقابل تعريفهم إلى الديانة المسيحيّة». وقد قام لاس كاساس بهذا العمل مع اعتزازه بالمعاملة الجيّدة للهنود الذين كان «يملكهم». ثمّ لم يلبث أن تمرّد على جنوحات المستوطنين المستعبدين للهنود معربًا عن قلقه لاستئصال السكّان الأصليّين. ومن منطلق الشفقة طلب إلى الملك أن يستورد عبيدًا سودًا يقاومون أكثر، وهو اقتراح بائس سيبقى يستنكره ويعتذر عنه حتى وفاته.

شيئًا فشيئًا، بدأ رجل الدين المستوطن يفتح عينيه، ويُدرِك خيانة الأسياد الإسبان «للمهمّة» الملقاة على عاتقهم. لدى استماعه إلى عهد أخ فرانسيسكانيّ يدعى مونتيسينوس (Montesinos) ذات يوم أحد، تشكّلت لديه بوادر «الهدى» الأوّل وفق وصفه: «نشأ في داخلي اقتناع راسخ: إن كلّ ما نفعله ظلم وطغيان، ولذا قرّرت أن أعتق الهنود المقيمين في حيازتي». ومنذ ذاك اليوم، بدأت معركة ستستمرّ حتى وفاته على عدّة جبهات: في محيطه، وفي المكسيك خاصّةً، عبر العمل وإعطاء المثل وكتابة نصوص هامّة ونقديّة. وفي إسبانيا حيث قام بعدّة زيارات واجه فيها مباشرة الملك ومجلس الهنود وأنصار الرقّ.

لم يضع لاس كاساس في يومٍ من الأيّام قضيّة اعتناق المسيحيّة موضع شكّ ولكنّه دافع عن فكرة أنّ اعتناق الدين يجب أن يتمّ بأسلوبٍ واحد: دعوة الناس إلى الإيمان المسيحيّ عبر الاختيار الحرّ وفقًا لقواعد توما الأكويني.

في 1522 التاريخ الذي يسمّيه «الهدى» الثاني، وبعد عدّة إخفاقات عرفها، ورحيل أوهام محاولة إقامة السلم بالحسنى، أدرك نقاط ضعفه. حتى إنّ الأسقف الرهيب كويفيدو قال فيه: «لاس كاساس إنسان قليل الثقافة يحشر نفسه في قضايا يجهلها». هنا قرّر الالتحاق بالرهبنة الدومينيكانيّة (Ordre des Prêcheurs) حيث يوجد عدد كبير من المناضلين لهذه القضيّة، وذلك بغرض تعزيز ثقافته الحقوقيّة وللتمكّن من تقوية أحاسيسه المسيحيّة بالقواعد القانونيّة. وفي الدير باشر تكثيف وتعميق كتاباته: رسائل، بيانات اتّهاميّة، رسائل هجاء، كلّ هذا إضافة إلى مشروعه الطموح عن تاريخ الهنود.

في كتابه «الأسلوب الوحيد» (De único modo)، يلخّص طريقة عمله الميدانيّة بعبارات تختصر فلسفته في الحياة: «اللطف، الصبر، الترحيب»، «كلّ عبوديّة ضدّ القانون الإنسانيّ»، و«الإنجيل والحرب لا

يجتمعان». أمّا نصّه Brevissima عن السكّان الأصليّين فيتناول فيه عام 1540 المجازر وحوادث النهب التي قام بها المستوطنون.

لم يكن لاس كاساس المستنكر الوحيد، فقد تراكمت التقارير الموجّهة إلى قصر شارل كونت استنكارًا لبشاعة ما يحدث. وفي سلمنقة (Salamanque)، قام المفكّر الكبير فرانسيسكو دي فيتوريا (1546-1480/Francisco de Vittoria) الذي جعلت منه محاضراته الجامعيّة الهامّة «مؤسّس القانون الدولي الحديث»، بتوجيه الأنظار إلى هذه المأساة، الأمر الذي أثار قلق الإمبراطور ومخاوفه من انتفاضة مشابهة لتلك التي حدثت في البيرو حيث قُتل نائب الملك. وقد استقبل لاس كاساس واستمع إليه باهتمام. وفي عام 1542 صدرت «القوانين الجديدة» التي تلغي الاستعباد ومؤسّسة Encomienda وأعيد الحقّ إلى الهنود في التصرّف بممتلكاتهم. ويبدو أنّ لاس كاساس شارك في صياغة القوانين الجديدة.

أثارت هذه القوانين التي ضربت مصالح المستوطنين حفيظتهم وتمرّدهم فحالوا دون احترامها بكلّ الوسائل. وفي 1544، سمّي لاس كاساس أسقفًا لمنطقة شياباس، وباشر من جديد معركته بإصرارٍ وعناد أكبر، الأمر الذي ضاعف من أعدائه وأثار حقد الكثيرين عليه. عندها شعر بأنّ وجوده أفضل في البلاط فعاد إلى إسبانيا وكُلّف بانتقاء المبشرين المسافرين فكان يختارهم ويُعدّهم وفق روحه النضاليّة.

في عام 1550، ومع تكوّن اتّجاهين متميّزين، الأوّل يُدافع عن الحقوق الكاملة للهنود ككائنات بشريّة بينما يعتبر الثاني استعبادهم من عاديّات الأمور، قامت المواجهة الشهيرة بين لاس كاساس وسيبولفيدا (محامي الحروب العادلة ومترجم أرسطو إلى الإسبانيّة)، وكان السؤال المركزيّ: هل الهنود بشر كغيرهم أم لهم طبيعة أدنى؟

وقد أعطى الأخ بارتولوميو خير صورةٍ عن آرائه ونضاله مفنّدًا رأي الكاتب المعروف ولو أنّه لم تكن هناك خلاصة رسميّة، إلّا أنّ هذا الحوار هزّ القناعات وجعل من لاس كاساس صاحب أهمّ فكرة عرفها القرن السادس عشر: وهي أنّ الحضارة الغربيّة ليست النموذج الوحيد، وأكثر من ذلك، إنّ وجود إله واحد هو موضوع نقاش بذاته وذلك عبر قبول تعايش مختلف النظرات والتأمّلات الكونيّة. ومن هنا كان أوّل من زرع الخطى لفكرة حقّ الشعوب في تقرير مصيرها وأسلوب حياتها.

قبل وفاته ببضعة أيّام في مدريد، أراد أن يخلّد أثر البربريّة التي كان شاهدًا عليها، فترك وصيّة عنيفة تجمع بين النبوءة ونذر الشؤم يُرسل فيها إسبانيا إلى الجحيم.

جبران خليل جبران (1883-1931)
Khalil Jibran

وُلد جبران في بشرّي (لبنان) في 6 كانون الثاني/يناير 1883. هاجر مع والدته وإخوته إلى بوسطن في الولايات المتّحدة عام 1895 حيث أقام في أحد أحيائها الفقيرة. عاد في سنّ الخامسة عشرة (1898) إلى لبنان لتعلّم العربيّة، وبقي حتى 1902 حيث رجع إلى بوسطن. ولم تتح له بعدها فرصة العودة إلى بلد الأرز حيًّا.

أقام في 1904 أوّل معرض فنّي له، وفيه تعرّف إلى صديقته ماري هاكسل التي ساعدته كثيرًا في حياته. في 1905 أصدر كتابه الأوّل باللغة العربيّة. وبعد إقامة قصيرة في فرنسا بين 1908 و1910 عاد إلى الولايات المتّحدة حيث شكّل لجنة مساعدة الأهالي في سوريا ولبنان طيلة فترة الحرب العالميّة الأولى، كما تابع نضاله ضدّ الاستبداد العثمانيّ. راسل ميّ زيادة من 1912 إلى 1929 دون أن يلتقيا. وكتب في 1918

«المجنون» باللغة الإنكليزيّة، قبل أن ينشر رائعته «النبيّ» (1923) التي تلخّص فلسفته الإنسانيّة القائمة على الحبّ والعدالة والحرّية.

كان عدوًّا لدودًا للطائفيّة ودافع عن حقوق المرأة والطفل. وبنظرة عبقريّة لاستقلاليّة شخصيّة الأطفال قال لنا: «أبناؤكم ليسوا لكم، أبناؤكم أبناء الحياة. والحياة لا تقيم في منازل الأمس».

تُوفي في نيويورك ونُقل جثمانه إلى بشّري بناءً على وصيّته.

المحبّة هي دين جبران الوحيد الجدير بالاعتناق، فهي «لا تعطي إلّا نفسها ولا تأخذ إلّا من نفسها. المحبّة لا تملك شيئًا ولا تريد أن يملكها أحد، لأنّ المحبّة مكتفية بالمحبّة».

كتب في هجاء الحرب العالميّة الأولى: «انصرفت آذان العالم عن همس الضعفاء وأنينهم إلى عويل الهاوية وضجّتها، ومن الحكمة أن يسكت الضعيف عندما تتكلّم القوى الكامنة التي لا ترضى بغير المدافع ألسنةً ولا تقنع سوى القنابل ألفاظًا. نحن الآن في زمن أصغر صغائره أكبر من كبائر ما تقدّمه، فالأمور التي كانت تشغل أفكارنا وأميالنا وعواطفنا قد انزوت في الظلّ، والمسائل والمشاكل التي كانت تتلاعب بآرائنا قد توارت وراء نقاب من الإهمال، أمّا الأحلام المستحبّة والأشباح الجميلة التي كانت تَميس متنقّلةً على مسارح وجداننا فقد تبدّدت كالضباب وحّل محلّها جبابرةٌ تسير كالعواصف وتتمايل كالبحار وتتنفّس كالبراكين.

من منكم أيّها الناس لم يسأل نفسه في كلّ يومٍ وليلة عن مصير الأرض وسكّانها بعد أن تختمر الجبابرة من دموع الأرامل والأيتام؟

لقد رجع العالم إلى فطرة الوضعيّة، فما بنته الأجيال بالعلم والفنّ قد هدمه الإنسان الوحشيّ بالطمع والأنانيّة، فحالنا اليوم حال

سكّان الكهوف ولا يميّزنا عنهم سوى آلات نبتدعها للدمار وحيل نستخدمها للهلاك»[17].

«أوليس الخوف من الحاجة هو الحاجة نفسها؟» يتساءل جبران الذي أسّس في 1920 «الرابطة القلميّة» للطاقات العربيّة في نيويورك. ورغم تشبّعه بالروح الأمميّة يحلو له أن يقول: «ما أقربني من وطني وأنا المهاجر وما أبعدهم عن وطنهم وهم المقيمون».

إن كان المهجر هو المدرسة التي تعلّم فيها كما يقول هو نفسه، فالمحبّة هي المنهج الذي اختاره من أجل الإنسانيّة وحقوقها.

جريمة الحرب

The Crime of War / Le Crime de Guerre

رغم فظاعتها ونتائجها المدمّرة على البشريّة والطبيعة والحياة، ما زالت الحرب مقبولة من حيث المبدأ في منطق الدول والمنظّمات الدوليّة بين الحكوميّة[18]، ومازال الإنفاق من أجل التسلّح يكفي لحلّ المشكلات الاقتصاديّة والإنسانيّة الكبرى في البلدان الفقيرة. وفيما بلغت نفقات التسلّح وفقًا لمعطيات برنامج الأمم المتحدة للتنمية في 1998 ما يُقدّر بـ780 مليار دولار فإنّ ما يسمّى الإنفاق الدفاعي في العالم، حسب «معهد ستوكهولم الدولي لأبحاث السلام»، قد تجاوز ثلاثة أضعاف ذلك في عام 2021 أي 2.113 تريليون دولار. وبالتأكيد فإنّ أرقام 2023 ستكون أكبر بكثير نظرًا للحرب الأوكرانيّة. إنّ ثمن الطائرة الواحدة من القاذفات الأميركيّة (B2-Bomber) التي شاركت في حرب كوسوفو، يُعادل

---

17 جبران حيًّا وميتًا، مختارات ممّا كتب، نشرها حبيب مسعود، سان باولو 1932، ص 73-75.

18 ترجمة اقترحها الكاتب لمصطلح Intergovernmental Organizations (IGO) مثل جامعة الدول العربيّة والاتّحاد الأفريقي.

مجموع الدخل الاجتماعيّ الصافي لألبانيا. وتكفي المساعدة العسكريّة التي تقدّمها الولايات المتّحدة الأميركيّة لإسرائيل منذ حرب 1967 إلى 1997 لتأمين الماء الصالح للشرب ولتأمين تعليمٍ أوّلي لكلّ المحرومين منهما على سطح البسيطة للفترة نفسها. أمّا تكاليف حربَي الخليج فتفوق المبلغ اللازم لتوفير الحدّ المقبول للعيش لكلّ الذين تضعهم إحصاءات الأمم المتّحدة تحت مستوى الفقر في العالم الإسلاميّ في ثمانينّات وتسعينيات القرن العشرين. ومن الصعب تقدير حالة الرفاه البشريّة لو وُظّفت تكاليف الحربين العالميّتين الأولى والثانية في القرن العشرين لصالح الإنسانيّة تبعًا لحاجيّاتها بغضّ النظر عن اللون والجنس والعرق والثقافة. وبالنسبة إلى احتلالي العراق وأفغانستان في هذا القرن، فيجري الحديث عن أنّ كلفتهما الماديّة تصل إلى التريليونات، ويقدَّر عدد ضحاياهما البشريّة بمئات الآلاف فضلًا عمّا أنجبا من تربة خصبة للتكفير والداعشيّة والتطرّف المذهبيّ، الأمر الذي يجعلنا نُصرّ على اعتبار الحرب جريمةً أكثر من مجرّد الحديث عن جرائم الحرب.

يترك تاريخ البشريّة في الحلق غصّة لكل ما يتعلّق بالحرب، وإن أظهرت معطيات علم الإناسة أنّ الحرب ظاهرة منتشرة بكثرة رغم اختلاف تواترها ووجودها بين الشعوب. وفيما اعتزّت بعض الشعوب وتفاخرت بعدم ممارستها للحرب، مثل الإسكيمو (Eskimos) والأندمانيز (Andamanais)، فمن الصعب معرفة كم من الشعوب المسالمة أبيدت لأنّ خيار السلام لم يكن عالميًا وبقي قانون الغاب يعطي الأقوى، بالمعنى العسكريّ للكلمة، الحق في البقاء والهيمنة!

في عام 300 قبل الميلاد، كتب الفيلسوف الصينيّ منغ تسو (Meng Tzu): «الشعب هو القيمة الاعتباريّة الأولى، بعده تأتي الدولة، وبعدها يأتي الأمبراطور». للأسف فإنّ من كانت له حكمة الاستماع إلى الفيلسوف الصينيّ لم يكن يمتلك سلطة القرار. وإن جسّدت حياة

المسيح القصيرة ووصاياه نضالًا لا سابق له ضدّ منطق الحرب، فقد بقيت الاتّجاهات السلميّة في التاريخ، داخل الأديان وخارجها، أضعف من تلك المناصرة للحرب، «عادلة» كانت أو جائرة. حتى يومنا الراهن، يُلاحَظ أنّ الأدبيّات والدراسات المخصّصة للسلام أقلّ بكثير من تلك المتعلّقة بالحرب، ومن الصعب ونحن نفتح جهاز التلفزة أن نستمع إلى صدى القدّيس أغسطين «لا يكمن السلام الحقيقي وحسب في غياب الصراعات المسلحة بل في النظام السلميّ (Tranquillitas Ordinis)، على العكس من ذلك غياب الحرب لا يعني بالضرورة غياب الصراع». بتعبيرٍ آخر، لا يقوم المجتمع المشهدي الحالي بأيّ دور في وقف عمليّة تزييف الوعي القائمة على جعل العنف والحرب «أمرًا لا مناص منه» وبالتالي إعطاء الحرب حيّزًا فحوليًّا خاليًا من أيّ مقاومة تحليليّة نقديّة في الوسائل السمعيّة البصريّة الرئيسيّة على سطح البسيطة.

لقد أوجدت البشريّة أشكالًا متعدّدة للحماية من فظائع الحرب أو التقليل من أهوالها. وفي المجتمع العربيّ قبل الإسلاميّ ابتكر العرب «الأشهر الحرم» وهي أشهر يُحرّم فيها وقوع الحرب لأيّ سبب أو مبرّر، حفظًا للنفوس وردًّا للعدوان وبحثًا عن الوسائل السلميّة في حلّ النزاعات. وقد سُمّيت الحروب التي جرت في الأشهر الحرام بالفِجار والمفاجَرة وعُيّر من خاضها، ويُعرف للعرب فِجارات أربعة.

في الإسلام كان المبدأ الأساسيّ يقوم على رفض القتال والحرب، وإن كانت ثمّة نقطة يجمع عليها أصدقاء الإسلام وأعداؤه، فهي أنّ القتال لم يكن اختيار النبيّ والمسلمين بل من منطلق الدفاع عن النفس. وقد أبيح القتال من أجل إنقاذ الدين وديمومته لا لإنشاء الدولة، ومن أجل حرّية العبادة لا لمصادرة حقّ الاختلاف، وهذه نقطة جوهريّة لأنّها الأساس في كلّ جدل إسلاميّ حول الجهاد والإمامة والحكم. وقد كانت منطلق

الاعتزال والإصلاح في الإسلام قديمًا وتعبّر عن وجهة نظر الخطّ الإسلاميّ المتنوّر اليوم. ويؤيّد ابن هشام، مؤرّخ السيرة النبويّة هذا الرأي بالقول:

«كان رسول الله صلّى الله عليه وسلّم قبل بيعة العقبة لم يؤذن له في الحرب ولم تُحلّل له الدماء، إنّما يؤمر بالدعاء إلى الله والصبر على الأذى، والصفح عن الجاهل، وكانت قريش قد اضطهدت من اتّبعه من المهاجرين حتى فتنوهم عن دينهم ونفوهم من بلادهم، فهم من بين مفتون في دينه، ومن بين معذّبٍ في أيديهم، وبين هاربٍ في البلاد فرارًا منهم، منهم من بأرض الحبشة، ومنهم من بالمدينة، وفي كلّ وجه؛ فلمّا عتت قريش على الله عزّ وجلّ، وردّوا عليه ما أرادهم به من الكرامة، وكذّبوا نبيّه صلّى الله عليه وسلّم، وعذّبوا ونفَوْا مَن عبده ووحّده وصدّق نبيّه، واعتصم بدينه، أذن الله عزّ وجلّ لرسوله صلّى الله عليه وسلّم في القتال والانتصار على من ظلمهم وبغى عليهم، فكانت أوّل آيةٍ أنزلت في إذنه له في الحرب، وإحلاله الدماء والقتال، لمن بغى عليهم، فيما بلغني عن عروة بن الزبير وغيره من العلماء، قول الله تبارك وتعالى: أُذن للذين يقاتَلون بأنّهم ظُلموا وإنّ الله على نصرهم لقدير. الذين أُخرجوا من ديارهم بغير حقٍّ إلّا أن يقولوا ربُّنا الله، ولولا دفع الله الناس بعضهم ببعضٍ لهُدّمت صوامع وبِيَعٌ وصَلَواتٌ ومساجدُ يُذكر فيها اسمُ الله كثيرًا، ولَينصُرَنَّ الله مَن ينصره... أي إنّي إنّما أحللت لهم القتال لأنّهم ظُلموا، ولم يكن لهم ذنبٌ في ما بينهم وبين الناس، إلّا أن يعبدوا الله، وأنّهم إذا ظهروا أقاموا الصلاة، وآتوا الزكاة، وأمروا بالمعروف، ونهَوا عن المنكر، يعني النبيّ صلّى الله عليه وسلّم وأصحابه رضي الله عنهم أجمعين».

ويظهر نصّ صلح الحديبية آخر السنة السادسة للهجرة (أيّار/مايو 628 م) بين قريش والمسلمين تفضيل النبيّ لعهدٍ غير متوازن يرافقه سلام عشر سنوات على الحرب، رغم كلّ ما أتت به الحرب من غنائم زرعت أولى الامتيازات الماديّة للانتماء الإسلامي:

«باسمك اللهمّ، هذا ما صالح عليه محمّدٌ بن عبد الله سهيل بن عمرو اصطلحا على وضع الحرب عن الناس عشر سنين يأمن فيهنّ الناس ويكفّ بعضهم عن بعض على أنّه من أتى محمّدًا من قريش بغير إذن وليّه ردّه عليهم، ومن جاء قريشًا ممّن مع محمّد لم يردّوه عليه، وإنّ بيننا عيبةً مكفوفةً (أي صدور منطوية على ما فيها)، وأنّه لا إسلال ولا إغلال (أي لا سرقة بالخفاء ولا خيانة) وأنّه من أحبّ أن يدخل في عقد محمّد وعهده دخل فيه، ومن أحبّ أن يدخل في عقد قريش وعهدهم دخل فيه».

حرّم النبي محمّد قتل النفس غير المقاتلة والاعتداء على النساء والشيوخ والأطفال والأملاك وقطع الشجر والإضرار بمصادر المياه والتحريق وكلّ ما يعود على الإنسان بنفع في الحروب، ويروى عنه قوله «لا تغلوا ولا تغدروا ولا تمثّلوا ولا تقتلوا وليدًا ولا شيخًا» في أوّل تحديد عربيّ إسلاميّ للعدوان أثناء القتال أو جريمة الحرب بمصطلحنا المعاصر. ويحضّ القرآن على مبدأ الحياد الإيجابيّ، أي السعي إلى المصالحة في الحروب كمبدأ أوّل ثمّ التدخّل ضدّ الفئة الباغية في حال استمرارها في العدوان. وقد انحرف الخلفاء والولاة بعده في «أخلاق الحرب» وانتهكوا معظمها.

برزت مدارس قانونيّة متعدّدة في الحرب وقوانينها وقواعدها في الغرب قريبة من الموقف الإسلاميّ الأوّل. ففي 1625 اقترح الحقوقيّ الكبير غروتيوس رأيًا في الموقف من الأطراف المتحاربة يلخّصه قوله «إنّ من واجب كلّ غير المشاركين في حرب أن لا يقوموا بأيّ عمل يمكن أن يعزّز قوّة المدافع عن قضيّة سيّئة أو إعاقة عمل من يخوض حربًا عادلة»، و«في حالات الشكّ، من واجب الأطراف غير المشاركة أن تقف على الحياد تجاه الطرفين المحاربين». ومالت الدفّة عند حقوقيّي القرن الثامن عشر والتاسع عشر إلى موقف كورنيليوس فان بنكرشوك

(Cornélius Van Binkershoek): «قضيّة العدالة والجور في الحرب لا تخصّ الأطراف المحايدة»، واعتبروا المساواة في الحقوق بين الأطراف المتصارعة وعدم التدخّل من أسباب تسوية الصراع بينهما.

وقد اتّبعت اتّفاقيّات لاهاي 1907 المبدأ نفسه مستندةً إلى أنّ الحرب جزءٌ من تعريف سيادة الدول كما أنّ المبارزة جزءٌ من كرامة الأفراد. وعلى الأطراف غير المشاركة اعتبار الحرب أمرًا واقعًا وعدم التدخّل لصالح أيّ من الطرفين.

لم يقنع هذا الكلام المدرسة الدادائيّة في الفنّ التي نادت منذ 1916 بضرورة تصفية الحرب على الصعيد الأممي، وقالت في عدد مجلّتها الأوّل «كاباريه فولتير»: «علينا أن نحدّد أنّ نشاط هذا الكاباريه يهدف إلى التذكير بأنّه في ما وراء الحرب والأوطان، هناك بشر مستقلّون يعيشون من أجل مُثلٍ أخرى». وفي روسيا طرح لينين والبلاشفة انهزاميّة الحرب لأوّل مرّة في التاريخ لوقف الموت الجماعيّ من أجل منطق الدولة أو الحاكم أو السيطرة إلخ. وكذلك كان للفوضويّين موقفٌ نقديّ صارم من الحروب.

هدف تشكيل عصبة الأمم في 1919 في ما هدف، إلى وضع الحرب «خارج القانون»، لكنّها فشلت في ذلك. كذلك لم يصمد عهد باريس الموقّع في 27 أغسطس/آب 1928 الذي أقرّته 63 دولة ونصّ في مادّته الأولى على إدانة اللجوء إلى الحرب وإقرار الجميع في المادّة الثانية حلّ كلّ الخلافات والصراعات مهما كانت طبيعتها أو أصلها بالطرق السلميّة. وقد وُلدت السرياليّة من جمرات الحرب العالميّة الأولى لتشكّك في مفاهيم الغالب والمغلوب وتفوّق الأمّة والحضارة وقيمة الجنسيّة والحدود ووطن رأس المال والحرب. ومن الجدير بالذكر أنّ موقف جماعة مجلّة «كلارتيه» (Clarté) الشيوعيّة الفرنسيّة وأندريه بروتون

كان متقدّمًا عن موقف العديد من منظّمات حقوق الإنسان الغربيّة من حرب المغرب في 1924-1926 وقضيّة نزع الاستعمار في العشرينيّات.

هذا الموقف الراديكاليّ من الحرب سيعبّر عنه بنجامان بيريه في نصّه «فضيحة الشعراء» (1945) الذي يتصدّى فيه لكلّ من وظّف الشعر لخدمة الحرب ونجدة جنرالاتها: «إنّ الحروب، مثل الحرب التي نقاسيها، ليست ممكنة إلّا بفعل تضافر كلّ قوى الارتداد، إنّها تعني، في ما تعني، توقّف التقدّم الثقافيّ الذي تحبطه هذه القوى الارتداديّة المهدّدة من طرف الثقافة. إنّ هذا الموضوع أوضح من أن نلحّ عليه. عن هذه الهزيمة المؤقّتة للثقافة ينجم حتمًا انتصار روح الرجعيّة وفي مقدّمة ذلك انتصار الظلاميّة الدينيّة وهي التتويج الضروريّ لكلّ الرجعيّات. يجب أن نعود إلى أمدٍ بعيد في التاريخ لنجد حقبةً توكّل فيها رؤساء الدول على الله كما يفعلون الآن. لا يكاد تشرشل يلقي خطابًا واحدًا دون الاستعانة بالله، وكذلك روزفلت، ديغول يستظلّ بصليب اللورين، هتلر لا يفتأ يستند إلى العناية الإلهيّة، والكهنة على اختلاف كنائسهم يشكرون الآب من الصباح إلى المساء على جوده عليهم بستالين. إنّ موقفهم ليس مظهر شذوذ وإنما تكريس حركةٍ ارتداديّة عامّة».

من الطريف أن نلاحظ أنّ الصوت المؤيّد للاستنكار الراديكاليّ للحرب وقتئذٍ في المنطقة العربيّة جاء من حركة «الفنّ والحريّة» في مصر كذلك من مصلح إسلاميّ كبير هو عبد الله العلايلي الذي كتب في مقالة له: «كان النبيّ محمّد أوّل من حارب الحرب وألغى مشروعيّتها وأعلن حرمة الإنسان أيًّا كان».

على مستوى تعبئة العامّة في إعلان الحرب، لا تعدم الدول الوسائل ولا ينقصها الذرائع أو «المنظّرون». يمكن للدولة أن تستخدم نهجًا «تاريخيًّا» لتبرير أفعالها ومحاولة إضفاء الشرعيّة على سلوكها، مدّعيةً أنّ أفعالها كانت من أجل البقاء، الأمن القوميّ، أو «المصلحة القوميّة

العليا»، السلم الإقليميّ أو الدوليّ، وأخيرًا وليس آخرًا: مهامّ حفظ السلام الإنسانيّة. يمكن للمرء أن يخوض في الرياضة الذهنيّة لتفنيد أو غربلة الأسباب المباشرة أو غير المباشرة لاعتبار دولةٍ ما، أنّها استنفدت كلّ الوسائل الدبلوماسيّة والسلميّة قبل بدء العمليّات العسكريّة، ولكنّ الإشكاليّة المعرفيّة الأولى تكمن في طرح سؤالٍ بسيط: «هل بالإمكان اعتبار عسكرة أيّ صراع، قضيّة حتميّة في حال حدوث استعصاءات في السبل الأخرى؟».

لعلّ تيموثي سنايدر (2015)، كان أوّل من شرّح كذبة أساسيّة في الأساطير الأوروبيّة الحديثة تقوم على أنّ البشريّة تعلّمت من أهوال الحروب العالميّة وهذا لا يمكن أن يحدث مرّة أخرى. فمن الحرب في يوغسلافيا السابقة والحملات العسكريّة في أفغانستان والعراق، وصولًا إلى محاولات روسيا الانتقاميّة لتغيير وضعها الجيوسياسيّ من خلال العمليّات العسكريّة في جورجيا وأوكرانيا وسوريا، جنبًا إلى جنب مع التحالف اليمينيّ الراديكاليّ الناشئ في أوروبا، شهدنا بالدم والهدم، تدمير هذا الوهم المريح. الحروب الجديدة (Luttwak، 1995)، التي غالبًا ما تُصنّف في فئة «الحرب الهجينة»، لا تشير فقط إلى التحوّل التكنولوجيّ في أساليب الحرب، ولكن أيضًا إلى تشكيل اجتماعيّ وسياسيّ جديد. تقدّم ماري كالدور نهجًا نظريًّا إرشاديًّا لفهم ظاهرة الحروب الجديدة، التي تشير إليها باسم «ما بعد كلاوزفيتز».

في الخامس والعشرين من شباط/فبراير 2022، أرّخت «العمليّة العسكريّة الخاصّة» لموسكو في أوكرانيا لتاريخ جديد من المواجهات العسكريّة وضعت خلفها كلّ التعاريف التقليديّة للحرب وقواعدها وجرائمها. لم يعد ثمّة مناطق «آمنة» لا تغطّيها الحرب، أو حدود لمفهوم «التدخّل» أكان مباشرًا أم غير مباشر، مثل هذا التعايش مع «شموليّة» المواجهات غيّر جذريًّا منطق الحرب، الذي أصبح هدفًا في

حدّ ذاته. الجانب الآخر من «الحرب الهجينة»، الذي وصفه المنظّرون والمفكّرون العامّون بالتفصيل الكافي، هو «عالم هجين» مع روح الريبة السائدة والرعب الباطن. إنّ عدم وضوح الحدود بين الجبهة والمؤخّرة ـ على خلفيّة تسوية الحدود السياسيّة للدول التي تتوقّف عن العمل كخطّ فاصل للكتل والأيديولوجيّات ـ يخلق «علم الأمراض الطبيعيّ». أصبح فقدان السيطرة على العنف المشروع من قبل الدول الحديثة أمرًا لا مفرّ منه، والسؤال الرئيسيّ هو كيفيّة إعادة بناء الشرعيّة والسيطرة على العنف. وتبدو الإجابة المقترحة بروح «العالم الأبديّ» لكانط أنّها يوتوبيّة إلى حدّ ما، لكنّها في نفس الوقت الحلّ الوحيد الفعّال. بعد كلّ شيء، كما يشير الباحث عن حقّ، لا تكمن المشكلة في القضاء على المجموعات شبه العسكريّة أو تصفية الجيوش الخاصّة أو استرضاء المعتدي، بل في القضاء على الهياكل الاجتماعيّة والسياسيّة التي تعيد إنتاج الصراع. تجادل كالدور بأنّ الحرب الهجينة لم تعد أداةً سياسيّة، أو «استمرار السياسة بوسائل أخرى».

لذا تصبح المهمّة الرئيسيّة للمثقّفين، تطوير قاموس اجتماعيّ سياسيّ مناسب لوصف الأوضاع الراهنة. اليوم، تتحوّل العلوم الإنسانيّة، ربّما أكثر من أيّ وقت مضى، من أداة لفهم العالم بعد الحقيقة إلى أداة لتحويله، كما توقّع علماء أوروبا الشرقيّة في اجتماع مينسك قبل ثلاث سنوات.

في وضعٍ كهذا تتعرّى البروباغندا وحماسيّات «القتال حتى النصر»، وتتحوّل الكلمات إلى أسلحة، والمقاومة المدنيّة إلى مفهومٍ عالميّ رافض للحرب، يمكن أن نترجم رفض جريمة الحرب في تصوّرنا للعالم. الضحايا الرئيسيّون للحروب الحديثة هم السكّان المدنيّون، والأكثر فقرًا وجوعًا خارج حدود القتال والجبهات، وليس فقط المثل العليا و«القانون الدوليّ». وما يهمّ أطراف الصراع، هو الحديث عن انتصارات وهميّة.

ما يعني أنّ المفكّرين والحقوقيّين وأنصار السلام وحدهم في معركة العالميّة الجديدة المناهضة للعنف.

سبقنا إرنست هيمنغواي لعنوان هذه المادّة بالقول: «لا تعتقد أبدًا أنّ الحرب، بغضّ النظر عن مدى «ضرورة» ذلك – وإن كان أيّ مبرّر لها غير كافٍ – ليست جريمة». ونختم الفصل بما قاله جورج ويلز «إن لم نقضِ على الحرب فإنَّ الحرب تقضي علينا».

عبد الله الحامد (1950-2020)
Abdallah Al Hamed

وُلد في عائلة متوسّطة كبيرة وكان الابن الأكبر لأحد عشر شقيقًا وشقيقة. درس الشريعة والأدب العربيّ في الرياض، ثمّ حاز دكتوراه في الفلسفة من «جامعة الأزهر».

برزت معالم فكره النقدي مبكرًا، وقد اقترح على الشيخ عبد اللطيف آل الشيخ تجديد مناهج المعاهد العلميّة الدينيّة وتغيير بعض المتون القديمة أثناء دراسته الثانويّة. عمل معلّمًا ثمّ أستاذًا جامعيًّا في بريدة والقصيم والرياض. شارك سنة 1413 هـ[19] في إنشاء لجنة حقوق الإنسان وفُصل على إثر ذلك من الجامعة. سُجن بعد ذلك ثلاث مرّات، دامت كلّ منها بضعة أشهر خلال الأعوام 1414 هـ و1415 هـ و1416 هـ، ثمّ سُجن رابعة عام 1425 هـ ثمّ خامسة عام 1427 هـ ثمّ سادسة عام 1428 هـ.

أوّل عمل حقوقيّ مدنيّ له كان إنشاء «لجنة الدفاع عن الحقوق الشرعيّة» في 1993. كان أوّل كتاب أصدره الدكتور عبد الله الحامد (أبو بلال) هو «حقوق الإنسان بين نور الإسلام وفقهاء غبش الطغيان»،

---

[19] قبل وفاته أرسل عبد الله الحامد رسالة من سجنه إلى الكاتب، ذكر فيها التواريخ الهجريّة، وقد أبقى الكاتب عليها لأنّ المقابل الميلادي ليس دقيقًا دائمًا.

الذي نُشر بعد إنشاء اللجنة باسم «حقوق الإنسان في الإسلام». ومع الإعلان عن تشكيل اللجنة دخل المعتقل لأوّل مرّة، اعتُقل بعدها بعام وبعدها بعامين لقوله «لا صاحب سموّ ولا صاحب دنوّ في الإسلام». وعلينا انتظار تسع سنوات لتشكيل حلقة فكريّة حقوقيّة جديدة مع الدكتور متروك الفالح والشاعر علي الدميني، اللذين اعتُقلا معه حين سُجن للمرّة الرابعة. ومن وراء القضبان أرسل الثلاثة طلب انتسابهم إلى «اللجنة العربيّة لحقوق الإنسان» التي نشرت خطاب رؤية الإصلاحيّين وخاصّة كتاب الدكتور متروك الفالح «الإصلاح الدستوريّ في المملكة العربيّة السعوديّة» و«استقلال القضاء في المملكة العربيّة السعوديّة» للدكتور عبد الله الحامد و«نعم في الزنزانة لحن» للشاعر علي الدميني في 2004.

بعد الخروج من السجن بعفو ملكيّ، أسّس في 2009 مع عدد من الحقوقيّين جمعيّة «الحقوق المدنيّة والسياسيّة» (حسم) وترأسها شقيقه عيسى الحامد. وبدأت منذ ذلك اليوم دورةٌ جديدةٌ من الاعتقالات والمحاكمات آخرها في آذار/مارس 2013 حيث صدر بحقّه حكمٌ قضائيّ بالسجن لمدّة 14 عامًا. تلى ذلك اعتبار الجمعيّة غير قانونيّة وإغلاق نشاطها ومصادرة «أموالها» واعتُقل شقيقه عيسى ثمّ شقيقه الثالث.

تُوفّي الحامد عن عمر يناهز سبعين عامًا، في سجنه بالسعوديّة، فجر الجمعة، بعد إصابته بجلطةٍ في التاسع من أبريل/نيسان 2020، نُقل على إثرها إلى مستشفى الشميسي بالرياض، ودُفن في نفس اليوم.

أعدّ الحامد النسخة الأخيرة من كتاب «الإسلام والمجتمع المدنيّ» الذي أخذ صيغته النهائيّة في آخر أيّام اعتقاله، ليُوزَّع ضمن حلقاتنا الدراسيّة في المعهد الإسكندنافيّ لحقوق الإنسان/مؤسّسة هيثم منّاع. للتعريف أكثر بالإنسان الذي يطلق عليه اسم «غاندي الإسلام»، أنقل الكلمة التي ألقيتها في أربعينيّة الفقيد الكبير:

«التقيته أوّل مرّة في القاهرة في مؤتمر حول العدالة لحظة وصوله للفندق، بعد السلام والعناق، سألني إن كنت أعرف مكانًا للطعميّة، فذهبنا معًا إلى محلّ شعبيّ قرب الفندق نأكل الطعميّة مع الشاي المصريّ، بدأ الحديث في الإصلاح الدستوريّ وحقوق الإنسان، إلى أن قال: «لم أتعلّم لغةً أجنبيّة، وقرأت من الكتابات الغربيّة ما هو مترجمٌ منها، لقد أمضيت في قراءة ابن تيميّة شطرًا كبيرًا من عمري، وراجعت كتب الإسلاميّين بما تيسّر». قلت له مبتسمًا: لقد كتبت في 1984 مقالًا بعنوان «ابن تيميّة بين القامع والمقموع». فضحك وقال: «ليست المشكلة استعمال ابن تيميّة وحده، لازم تكتب مقالًا جديدًا عن الإسلام بين القامع والمقموع، مثلما يمكن أن تكتب عن الديمقراطيّة والاشتراكيّة بين القامع والمقموع. يا أخي، أيّ فكرة سامية يسعى الطغاة لتبرير أفعالهم باسمها. بحياتك سمعت عن طاغية سمّى نفسه «الطاغية فلان»؟ حتى عندما تكون الأمور مفضوحة كثيرًا، يقولون لك «المستبدّ العادل»، كأنّ بالإمكان جمع العدل والاستبداد في جسم واحد».

شعرت في نقد الحامد لفكرة «المستبدّ العادل» بأنّني أمام مفكّر حرّ يرفض المهادنة وأنصاف الحلول. لكنّ هذا الشعور ما لبث أن تحوّل إلى توأمة فكريّة جميلة، عندما حدّثني في المساء في المقاومة السلميّة المدنيّة من مقاربته الإسلاميّة وقرأ عليّ من كتاباته:

«سلّ السلاح لحلّ الخلافات السياسيّة والاجتماعيّة محظورٌ في الإسلام، سواء كان الذي يرفع السلاح فريقًا من المجتمع، يريد أن يُصلح الحكومة، أو الحكومة لكي تجبر الناس على تصرّف أو سلوك، أو فريقًا اجتماعيًّا يرفع السلاح على فريق آخر. من أجل ذلك اعتبر الرسول صلّى الله عليه وسلّم، سلّ السلاح لحسم الخلاف السياسي كفرًا، فقال: لا ترجعوا بعدي كفّارًا، يضرب بعضكم رقاب بعض».

كنّا وقتئذٍ، في اللجنة العربيّة لحقوق الإنسان، ندرس أشكال الانتقال من الدولة التسلّطيّة، وقد لاحظنا تشوّه وفشل عمليّة الانتقال في كلّ التجارب التي لجأت إلى العنف، فيما كانت أشكال الانتقال السلميّ بأقلّ الخسائر وأفضل النتائج. فالعنف الوطنيّ (حركات التحرّر الوطنيّ) والعنف الثوريّ (مناهضة اليساريّين للدكتاتوريّة) والعنف المقدّس (الجهاد ضدّ المحتلّ الإسرائيليّ أو الغازي السوفياتيّ لأفغانستان...) في صلب الوعي الجمعيّ في مجتمعاتنا، وسواء كان الرمز عزّ الدين القسّام عند الإسلاميّين أو تشي غيفارا عند اليساريّين، لم يكن من السهل الحديث في المقاومة المدنيّة السلميّة، خاصّة أن كتب «الجهاد» تملأ الرحب، من المودودي إلى القرضاوي، ومن «الفريضة الغائبة» إلى «زاد المجاهد»... ولا نجد في كلّ من أطلق عليه اسم كتّاب «الصحوة» أو منظّري «الإسلام السياسيّ»، من يعتبر النضال السلميّ وسيلةً «وحيدة أو منهجيّة» للتغيير.

في ليلة السفر، أمضينا السهرة في الحديث عن مفهوم الحامد للجهاد السلميّ، وعن رؤيته للمجتمع المدنيّ وحقوق الإنسان والدستور الإسلاميّ. وفي طائرة العودة جلست أكتب عن هذا اللقاء، الذي كان بداية صداقة طويلة، وكم كنّا سعداء عندما أرسل أبو بلال مع الدكتور متروك الفالح والشاعر علي الدميني طلب انتسابهم للّجنة العربيّة لحقوق الإنسان من وراء القضبان.

لا يوجد كاتب إسلاميّ أصّل لفكرة المجتمع المدنيّ في الإسلام بقوّة الدكتور عبد الله الحامد. وقد سمحت له ثقافته الإسلاميّة الواسعة ومعرفته العميقة بمجتمع الجزيرة العربيّة بأن يبحث عن السند والحجّة في زوايا الكتابات الحنبليّة، باعتبارها الفقه السائد والكتابات الرائجة. كان يعرف آثار الحسن البصريّ والقضاة المستقلّين الأوائل وابن عربيّ وابن رشد، إلّا أنّه كان يفضّل أن يجد عند ابن تيميّة أو محمّد بن عبد

الوهّاب ما يؤيّد رؤيته. فهو محاط بمدارس السلفيّة المختلفة، الرسميّة والتقليديّة والجهاديّة إلخ... لعلّ هذا ما جعله، وإخوته في الإصلاح، يحوّلون عددًا هامًّا من كتاباتهم، إلى مرافعاتٍ قضائيّة في محاكماتهم أمام القضاء السعوديّ، لأنّهم كانوا على ثقة وتمكّن ممّا تعتبره السلطات مذهبًا رسميًّا.

كان لي شرف التعريف بأفكار الحامد في محاضرات ألقيتها في إب (في اليمن) وباريس والمنامة في العقد الأوّل من هذا القرن، وقد نشرتها ملحقًا في خاتمة كتابه الرائد «الإسلام والمجتمع المدنيّ»، الذي أخذ الفقيد في طبعته الثالثة، في الاعتبار، كثيرًا من الملاحظات التي وصلت إليه وراء القضبان.

زاهد ورع، لم يملك أبو بلال سوى ثوبه البسيط ومؤلّفات فكره النيّر. وفي السنوات الأخيرة صار السجن منزله. ومن وراء القضبان كان يدافع عن حرّية الناس وحقوقهم، بالكتابة والرسائل والإضراب عن الطعام...

عندما وصلني خبر فقدان هذا الرمز الكبير، بكيت على أمّة يُغتال علماؤها، ولا تعرف تكريم عظمائها».

يمكننا تكثيف وجهة نظر عبد الله الحامد من المقاومة المدنيّة والمجتمع المدنيّ كالآتي:

- إنّ عدم شيوع المفهوم وغياب ما يحدّد عناصره وعدم ظهور تكتّلاته، في أنماط راسخة في الأعراف الاجتماعيّة، لا يعني أنّ الإسلام لم يتبنَّ مبادئ المفهوم، أو أنّ المفهوم لا ينسجم مع العقيدة الإسلاميّة. فقيم المجتمع المدنيّ (كحقوق الإنسان والديمقراطيّة، والحرّية، والعدالة والمساواة)، وأطرها السياسيّة (كالدستور والفصل بين السلطات الثلاث، واستقلال القضاء...) هي مجموعة مفاهيم أنتجها الغرب، ولكنّها مفاهيم إنسانيّة، تضرب جذورها في أيّ ثقافة ذات حضارة. كما يمكن اليوم لأيّ

ثقافة أن تستدخل المصطلحات الغربيّة ضمن منظومتها، وأن تزيد إليها وتعدّل فيها وتصهر وتفرز، حتى تتناسب مع خصوصيّتها.

– إنّ مركزيّة الإدارة وسلطتها المطلقة أو بتعبير آخر احتكار القرار؛ أو بتعبير أدقّ (الاستبداد)، هو سرّ الانحطاط في أيّ أمّة، وليس صحيحًا ما تردّده ثقافتنا الموروثة، من فضل المستبدّ العادل، فالمستبدّ لا يمكن أن يعدل، حتى لو كان مخلصًا تقيًّا مصلحًا، فالسلطة المطلقة مفسدة مطلقة.

– ثنائيّة دمار البلاد والعباد في كلّ أمّة؛ هي حكم (الجبر) الذي لا بدّ من أن يفضي إلى (الجور)، وثنائيّة الصلاح في كلّ زمان ومكان: حكم (الشورى)، الذي لا بدّ من أن يفضي إلى (العدل).

– وسيلة الوصول إلى النظام الدستوريّ رسوخ ثلاثيّة المجتمع المدنيّ، في الأعراف والعلاقات الاجتماعيّة، بعناصرها الثلاثة:

العنصر الأوّل: رسوخ القيم (الثقافة المدنيّة) وأهمّها:

1- إيمان الناس بأنّهم أدرى بمصالحهم، وأنّ دور الحكومة محصورٌ بتنفيذ رأيهم فحسب، وتحديد دور الحكومة بأنّها سلطةٌ تنفيذيّةٌ لما يقرّره المجتمع، أي لما تقرّره الأمّة عبر ممثّليها، في تحقيق مقاصد الشريعة ووسائل تنفيذها المشروعة، أي رفض السلطة المطلقة.

2- الالتزام بحلّ أيّ خلاف سياسيّ أو اجتماعيّ أو ثقافيّ أو مذهبيّ عبر الحوار والصراع السلميّ.

3- المواطنة هي أساس الحقوق، وفي إطارها تنشأ قيم التعدّديّة والحواريّة والتسامح والأغلبيّة والشورى والتعايش.

العنصر الثاني: قيام تجمّعات المجتمع المدنيّ الأهليّة، كالنقابات والجمعيّات، بفروعها (الخمسة): سياسيّة واقتصاديّة، واجتماعيّة ومهنيّة وثقافيّة.

العنصر الثالث: إنّما الحكم الشوريّ العادل، له مضمون، وله هيكل، وهيكله هو خيمة الحكم الدستوريّ، بأعمدتها الخمسة: تقرير سلطة الأمّة في تحقيق مقاصد الشريعة، قيام سلطة الشعب النيابيّة التشريعيّة المنتخبة، تعزيز استقلال القضاء، تحديد وظيفة سلطة الحكومة بأنّها سلطة مقيّدة، تقرير مشروعيّة إنشاء جمعيّات المجتمع المدنيّ الأهليّة.

بالعودة بالذاكرة إلى هيغل، ثمّ أبي بلال، نجد أنّ الحامد أقرب إلى المجتمع العربيّ الإسلاميّ ومشكلاته.

فمفهوم الحكم الدستوريّ والمجتمع المدنيّ عند أبي بلال ليسا غائبين عن ثقافتنا وإن كانا غائمين، ولكنّ مصطلحاتهما ومفرداتهما وهياكلهما وإجراءاتهما غريبة على البيئة العربيّة، تحتاج إلى تأليف وتقريب. وما يسهّل الأمر، أنّها مفاهيم عالميّة إنسانيّة مشتركة في غاياتها النهائيّة لسعادة وازدهار وتقدّم الحياة البشريّة بشكل متوازنْ حين سلكتها الأمم المتقدّمة التي استطاعت أن تحكم بالقسط والشورى، فسادت وعلت.

إذن، ينبغي وفق أطروحة الحامد، تأسيس خطاب المجتمع المدنيّ والدستور على الإسلام (عقيدة الأمّة وهويّتها الثابتة)، تأسيسًا فقهيًّا أصوليًّا، لأنّ الإسلام هو المرجعيّة التي يجب الالتزام بها، لتصبح مفاهيم المجتمع المدنيّ مدعومةً بسناد دينيّ لكي لا نحرّف الشريعة، ولأنّ ذلك أيضًا، يقرّبها إلى الناس، ويحميها من معارضيها، ممّن لا يدركون كيف كان الإسلام في عهد الرعيل الأوّل؛ مشروعًا للإصلاح السياسيّ والاجتماعيّ معًا، ومشروعًا للتقدّم الدنيويّ والأخرويّ معًا، ومشروعًا للرقيّ المدنيّ والروحيّ معًا، لذا بالنسبة إليه:

– الدستور ليس علمنة، وليس من المصالح المرسلة، بل هو إحياء الوسيلة المناسبة اليوم لإحياء السنّة، فأعظم البدع في الإسلام هي

الحكم الجبريّ الجائر. ولكي يتبيّن للجميع أنّ الإسلام أقرّ سلطة الأمّة في تحقيق مقاصد الشريعة، ونادى بحقوق المواطنين وحرّياتهم المدنيّة والثقافيّة والاجتماعيّة والسياسيّة، قبل خمسة عشر قرنًا من تنادي الأمم الدستوريّة إليها، لكي لا ننحرف عن شريعة الحقّ والعدل.

– دعاة حقوق الإنسان والمجتمع المدنيّ والإصلاح الدستوريّ، مجاهدون محتسبون (احتسابًا سياسيًّا) وهم مطالبون بالحذر من الجري وراء مكاسب حزبيّة أو فئويّة أو شخصيّة، وبالحذر من الحسابات الصغيرة؛ فالتخندق خلف هذه الحسابات الفئويّة والحزبيّة والشخصيّة أضاع في البلدان العربيّة والإسلاميّة كثيرًا من الطاقات.

– من أجل أن ينجح مشروع الإصلاح في أيّ بلد عربيّ ينبغي أن يكون وطنيًّا؛ يستوعب جميع الأطياف الاجتماعيّة والثقافيّة، وجميع المناطق والطبقات، سواء أكان دعاته من دعاة الإسلام، أم من دعاة التحديث أو القوميّة أو الوطنيّة. هذه القاعدة جسّدها الخليفة الراشدي الرابع، في تعامله مع الخوارج، أي مفهوم الدولة الوطنيّة، الذي ينقل به الناس من مفهوم الدولة المذهبيّة الحزبيّة الضيّق، إلى مفهوم الدولة الإسلاميّة الرحب المتسامح.

– الناس محتاجون إلى أن يقدّم كلّ فريقٍ ثقافيّ أو تيّارٍ اجتماعيّ، مسألتي المجتمع المدنيّ والدستوريّة على ما عداهما، حتى يتمّ رسوخهما في المجتمع، وما دام الإسلام في أصل خطابه يحتوي ذلك المفهوم تقريرًا أو إقرارًا، تفصيلًا أو إجمالًا، فلا مشكلة في بناء الآليّات والإجراءات، ولا في بناء النظم والنظريّات.

– الإصلاح في كلّ بلد عربيّ، لم ولن ينجح، ما لم يكن فكر دعاة الإصلاح الدستوريّ والمجتمع المدنيّ محطّ ثقة شعبيّة، ولا سيّما عندما يعالج ممارسات تخالف في ظاهرها العدالة الشرعيّة، ولكنّها مدعومةٌ بتراث مُقنّع بالإسلام، في قضايا تتعلّق بالقضاء والتعليم وحقوق المرأة

والمواطنة والتعدّديّة والأغلبيّة والصراع الرمزيّ والتسامح ونحوها من قيم المجتمع المدنيّ، أو عندما يستخدم مصطلحات غير شائعة حديثة كالدستور، والفصل بين السلطات.

– يحتاج الإصلاح الدستوريّ والمجتمع المدنيّ إلى المصداقيّة الشعبيّة، هذه المصداقيّة تحتاج في مجتمعاتنا إلى مصداقيّة دينيّة، وأيّ مصداقيّة دينيّة تحتاج إلى التأصيل الفقهيّ عبر العلوم الثلاثة: أصول الفقه ومقاصد الشريعة والعقيدة.

إنّ أصل الإصلاح الدستوريّ يكمن في أن يبدأ من الأدنى إلى الأعلى، من القاعدة الشعبيّة، عبر انتشار قيم المجتمع المدنيّ أوّلًا، وعبر قيام تجمّعاته الأهليّة ثانيًا، لأنّ الإصلاح السياسيّ ومنه الدستور لا يتمّ إلّا بقرارٍ سياسيّ، والقرار لا يُتّخذ إلّا بمطالبة شعبيّة فاعلة. والإصلاح الذي يبدأ من قمّة الهرم إلى الأسفل، قد يعاني من مراحل تقدّم غير منتظمة، كما قد يؤدّي إلى الكثير من التأخّر، بسبب تعرّضه لعقباتٍ سياسيّة واجتماعيّة وثقافيّة، وقد يصبح الإصلاح غير راسخ، ما لم يرافقه البدء من الأدنى، وتفعيل قاعدة الهرم، وحشد التأييد الشعبيّ، كما حصل في أوروبا الشرقيّة.

المجتمع المدنيّ يرفض العنف، وينشط بمقتضى الالتزام بالحلّ السلميّ؛ أن تسود بين الناس قيم التعايش الاجتماعيّ، كالتسامح والاعتراف بالآخر الموجود في الوطن، والتكافل والتعاون، وقبول الاختلاف والالتزام بحلّ الخلاف بأسلوب سلميّ، وهذا ما يعبَّر عنه بـ«السلميّة»، وحاصل ذلك أن يلتزم الناس جميعًا، أفرادًا وجماعات، بالروح السلميّة أي بحلّ أيّ خلاف بالتشاور والتحاور، فيصبح الصراع الرمزيّ هو القاعدة المهيمنة عند الاختلاف، ويحلّ محلّ الصراع المادّي.

عبد الله العلايلي (1914-1996)
Abdallah Al-Alaili

وُلد الشيخ عبد الله العلايلي في بيروت من أسرة بيروتيّة قديمة، وقد لخّص نشأته بالقول: «الكآبة كلّ طفولتي، فقد اتّفق وكنت أيّام الحرب العالميّة الأولى، أبصر مقصلة الجوع والشغب المتجلّي، فلا بدّ أن تغشّتني الكآبة في أعماقي لا كسديل أو ستار، بل كقماط يلتفّني من أنحائي». درس في الكتّاب ثمّ في المدرسة السوريّة، وتلقى مبادئ القراءة والعلوم في مدرسة الحرش. وحين رافق أخاه إلى الأزهر في 1924، تعلّم هناك وفق نظامَي الأزهر القديم والجديد حتى 1936. وفي مصر تابع عن كثب قضيّة علي عبد الرازق وأطروحة طه حسين في الأدب الجاهليّ. تأثّر بالشيخ سيّد علي المرصفي وعاش فترة الغليان السياسيّ والفكريّ في مصر وبدأ نضاله السياسيّ بدعم القضيّة الفلسطينيّة ومناهضة الصهيونيّة. وفي 1937، انتسب إلى كليّة الحقوق وأصدر في القاهرة «مقدّمة لدرس لغة العرب» في 1938.

عاد إلى لبنان في 1940 ودرّس في الجامع العمريّ الكبير 3 سنوات يناهض فيها العنصريّة والتزمّت وأصدر «فلسطين الدامية» و«سورية الضحيّة» وكتب في سموّ النفس عند الحسين بن عليّ. وفي بداية 1940 أصدر سلسلة كرّاسات بعنوان «إنّي أتّهم» تشكّل نقدًا جريئًا لما عاشه في العالم العربيّ ونداءً للإصلاح السياسيّ والفكريّ والاجتماعيّ، ثمّ أصدر كتاب «دستور العرب القوميّ». وبعد النكبة نشر مقالات يدين فيها الانقلابات العسكريّة ويدعو إلى الانقلابات الشعبيّة في 1949. سنة 1950 شارك مع كمال جنبلاط في تأسيس «الحزب التقدّميّ الاشتراكيّ»، كما أسّس مع المفتي وسبع شخصيّات وطنيّة «جبهة التحرّر الوطنيّ».

حضر حريق القاهرة واستنكر إعدام العامل مصطفى خميس إثر حركة الضبّاط الأحرار بمقالة بعنوان «قارع الأجراس».

أصدر أوّل أجزاء «المعجم الكبير» بين عامي 1954 و1955، وفي 1968 أصدر المعجم العسكريّ.

ولدى نشره عام 1978، أحدث كتابه «أين الخطأ» ضجّة كبرى لما يحمله من تجديدٍ واجتهادٍ في ميدان الفقه الإسلاميّ، وسُحب من التداول بناءً على طلب المملكة العربيّة السعوديّة ثمّ أعيد إصداره كاملًا في 1992.

خاض العلايلي معركةً لا هوادة فيها ضدّ الطائفيّة وهو القائل «إنّ بقاء الطائفيّة هو بقاء الخيانة، وبالتالي أقول إنّ بقاء قانون يحميها إنّما يعني بقاء الخيانة بقانون، لقد آن للمسؤولين أن ينتزعوا صفة التكريس عن الطائفيّة».

ومن آراء العلايلي الخاصّة قوله في النفط: «النفط يحتقبه أصحاب أرضه في دنيا العرب، وهو – دينيًا – حرام صريح واحتياز ظالم «والدول النفطيّة» لا حقّ لها استقلالًا بالعائدات والدخول كلّها، شرعًا، بل سحت، والدول العربيّة الفقيرة لها حقّ شرعيّ ثابت وقائم في مداخيله شاء القيّمون عليه أم أبوا وليس أبدًا معونة ولا دينًا». وقد كان يكرّر «ما على سطح البسيطة يكفي أهلها إذا طُرحت مسألة إعادة توزيع الثروات بالعدل».

دافع العلايلي عن كرامة النفس والجسد واستنكر بشدّة التعذيب والظلم، ودافع عن الحقوق الفرديّة والجماعيّة للإنسان، وتميّز برفضه للعقوبات الجسديّة حيث يقول إنّ قطع يدَي السارق «يحوّل المجتمع الى مجموعة مشوّهين هذا مقطوع اليد والآخر الرجل والآخر مفقوء العين أو مصلوم الأذن أو مجدوع الأنف» وهذا ما لا ينسجم مع روح القرآن الذي جعل القصاص صيانةً للحياة وإشاعةً للأمن العامّ. فالعقوبات ليست

مقصودة بأعيانها حرفيًا بل بغاياتها. أمّا قضيّة الرجم فيختصرها بجملة واحدة: «لا رجم في الإسلام».

العقوبات الجسديّة

Corporal Punishment / Châtiments Corporels

ليس بالإمكان الذهاب بعيدًا في مختلف الحضارات وتاريخ الشعوب والبقاء ضمن المفهوم الذي يخطر على بال كلّ واحدٍ منّا عندما يسمع تعبير العقوبات الجسديّة. فليس بالإمكان حصر المفهوم في الثقافات الإبراهيميّة (يهوديّة وإسلاميّة بالمعنى النصّي، ومسيحيّة في تاريخ الكنيسة). كذلك ليس من معنى لعدم التنقيب عن هذا المسلك البربريّ خارج كلمة العقاب بالمعنى المباشر للكلمة. فثمّة عددٌ هائلٌ من العبيد الخصيان في تاريخ البشريّة، لا لسبب إلّا للاطمئنان إلى أنّهم يصلحون للعمل والخدمة مع «امتياز» أنّهم يظلّون آمنين من الناحية الجنسيّة، أي لا يحقّقون شرط الزنا. كيف يمكن تفسير انتشار الضرب كعقوبة في أكثر الحضارات البشريّة ووجوده في أوساط الوثنيّين والهندوس والإحيائيّين؟ كيف دخلت الحياة البشريّة فكرة استئصال قطعة من جسم الإنسان كعلامة تطهير أو تميّز أو شعيرة مع كلّ التفسيرات التي أعطيت مع الأيّام لكلّ طقسٍ توطّنَ ولكلّ عقوبةٍ تقدّست؟ منذ متى دخل الحرق كعقوبة بشريّة وكيف عوقب مئات آلاف البشر بالحرق في معظم أنحاء العالم القديم؟ سيكون من المؤلم وغير المفيد رسم إثنوغرافيا العقوبات الجسديّة عبر الحضارات. وسنترك لكتب التعذيب في تاريخ البشريّة والكتب التي تتناول المحن ومحاكم التفتيش هذه المهمّة لنحصر تناولنا بالشكل الذي يطرح نفسه بقوّة علينا عبر تبريرات عقيديّة ودينيّة، ويحاول بهذه الصفة أن يمنح نفسه هالة التقديس

الضروريّة في عصرٍ أصبح يعتبر سلامة النفس والجسد من النوى الصلبة لحقوق الإنسان التي لا تناقش في السلم والحرب.

يحاول البعض تقديم صورة مبسّطة بل وساذجة عن تطبيق قانون العقوبات الإسلاميّ في أشكاله الأكثر أرثوذكسيّة، متناسين أنّ تكوّن أسس إقامة العدل في المجتمع الإسلاميّ الأوّل احتاجت إلى خمسة قرون، وأنّ تطبيق الأحكام كان مرتبطًا بالمعطيات الإسلاميّة في المجتمع كما هو مرتبطٌ بالمعطيات المجتمعيّة نفسها.

فمن الناحية القضائيّة، مرّ التشريع الإسلاميّ بمرحلتين حاسمتين في عهد النبيّ محمّد: الأولى، تميّزت بعقوبات ذات طابع فرديّ كالحجر على المرأة المحصنة التي تمارس الجنس خارج حياتها الزوجيّة، أمّا الثانية فذات طابع عامّ وجاءت في ما يُعرف بمصطلحنا المعاصر «في ظلّ حالة طوارئ» أو «حالة حرب». وقد اتسمت العقوبات بالقسوة والحسم كالجلد وقطع اليد.

مهما كانت الدوافع، فقد استجاب النبيّ لأوضاع عيانيّة منسجمة مع روح عصرها، الأمر الذي يجعل المؤرّخ يقول بأنّ تشريع المدينة اتّسم بالمحليّة والنسبيّة ومحدوديّة تطبيقه زمنيًّا. أمّا القراءة التقليديّة والشكليّة فقد حوّلت هذه الخصائص إلى: عالميّة وأزليّة ومطلقة.

بين هذا المفهوم وذاك، تتمترس معظم المدارس الفقهيّة الإسلاميّة.

ليس بالإمكان الحديث في المدارس الفقهيّة، أرثوذكسيّة كانت أو منشقّة، عن قانون عقوبات بالمعنى التقنيّ لمجموعة إجراءات تفصيليّة للاعتداءات ذات الطابع العامّ. باستثناء القتل، انحصرت الحدود إلى حدّ كبير في ستّ جرائم محدّدة (العلاقة الجنسيّة غير الشرعيّة – الزنا، السرقة، شرب الخمرة، قذف المُحْصَنات، البغي، الردّة) باعتبارها حدودًا إلهيّة. في هذه الطبيعة المقدّسة للحدود المذكورة تكمن إشكاليّة

العقوبات الجسديّة. وفي النطاق التاريخيّ الإسلاميّ، تجنّب المؤمنون بحذر تناول هذا الموضوع بشكل واضح ومباشر.

يقول الهادي العلويّ في وصفه لموقف الصوفيّة من العقوبات الجسديّة: «لم يتعرّض الأقطاب للعقوبات الشرعيّة، وتبدو وصاياهم عن حسن التعامل والتسامح موجّهة للناس في علاقاتهم بعضهم ببعض. ولا شكّ أنّهم يستبشعون العقوبات الشرعيّة لقسوتها لكنّني لم أجد من تجرّأ على إنكارها وإنّما أنكروا العقاب كمفهوم عامّ. وتغيب عن أدبيّاتهم عبارة «إقامة الحدود» التي يردّدها الفقهاء في مقام إجراء الحكم الشرعيّ بما فيه العقوبات.

إنّ ممارسة إرهاب فكريّ حقيقيّ داخل الاتّجاهات الإسلاميّة منذ القرون الوسطى جعل البعد التاريخيّ للعقوبات يتقدّم دون مواجهة مباشرة. فإشكاليّة الدافع إلى الجريمة، التي طرحها الخليفة الثاني عمر بن الخطّاب (حكم من 24 أغسطس 634 إلى 4 نوفمبر 644 م) والتي ترجمها بوقف قطع يد السارقة التي سرقت بسبب الفاقة في عام القحط، فسّرها بتنوُّرٍ عددٌ كبير من الكتّاب والفلاسفة المسلمين. يقول سفيان بن عُيَينة في هذا الصدد: «أربع ليس عليك في واحدة منهم حساب: سدّ الجوعة وبرد العطشة وستر العورة والاستكنان». بتعبير آخر، إنّ حقّ الإنسان في الطعام والشراب والملبس والمسكن يحدّد مفهوم العقاب برمّته.

يقول أبو اسحق الشاطبي في «الموافقات»: «وضابطه أنّك تعرض مسألتك على الشريعة، فإن صحّت في ميزانها، فانظر إلى مآلها بالنسبة إلى آمال الزمان وأهله، فإن لم يؤدِّ ذكرها إلى مفسدة، فاعرضها في ذهنك على العقول، فإن قبلتها فلك أن تتكلّم بها».

في الفصل المعنون «النظر في مآلات الأفعال مقصود شرعًا» (ج 4، ص 194) ينبّه الشاطبي إلى ضرورة النظر إلى ما يترتّب على أفعالنا من مصلحة أو مفسدة للحكم عليها بالمشروعيّة أو عدم المشروعيّة.

يوضح الشيخ محمّد مصطفى شلبي في رسالته عن تعليل الأحكام كيف كان أصحاب النبيّ «ينظرون إلى الأمر وما يحيط به من ظروف، وما يحفّ به من مصالح ومفاسد ويشرّعون له الحكم المناسب، وإن خالف ما كان في عهد رسول الله، وليس هذا إعراضًا منهم عن شريعة الله أو مخالفة لرسول الله، بل هو سرّ التشريع الذي فهموه». ويقدّم في كتابه «أصول التشريع الإسلاميّ» أمثلةً على إعمال المصلحة عند تعارضها مع النصّ.

لا تنقص الأمثلة والاستشهادات، إلّا أنّ الصراع بين اتّساع الأفق وروح التغيير من جهة والتقليد الأعمى وتحجّر التعامل مع النصوص وانتصار الاتّجاه الثاني في ظلّ سلطان الاستبداد منح الديمومة للتبنّي الاسميّ للعقوبات الجسديّة في أرض الإسلام حتى عام 1858، أي سنة إلغاء هذه العقوبات رسميًّا في قانون العقوبات العثمانيّ الجديد الذي كان ترجمةً لقانون العقوبات الفرنسيّ. ولم يبق من العقوبات السالفة سوى عقوبة الإعدام.

وبعد إلغاء العقوبات الجسديّة، جاء دستور 1878 ليشكّل خطوةً تجديديّةً كبرى في العالم الإسلاميّ. ففي هذا الدستور الذي يعتبر الإسلام دين الدولة (المادة 11) يتساوى كلّ مواطني الدولة بغضّ النظر عن انتمائهم الدينيّ (المادة 17) وتنصّ المادّة 26 على إلغاء التعذيب.

لا شكّ في أنّ هذين الحدثين يسجّلان قطيعة مع الممارسة «الانتهازيّة» التي سئم التاريخ اجترارها. فكما يذكر الجامعيّ المصريّ محمّد نور فرحات:

– إنّ ما يتردّد من ادّعاء بأنّ الشريعة الإسلاميّة كانت فعلًا وتطبيقًا هي النظام القانونيّ النافذ في البلاد حتى نهاية القرن التاسع عشر، هو قول يفتقر إلى الدقّة التاريخيّة.

– إنّ الشريعة الإسلاميّة، بينما كانت من الناحية الرسميّة والمعلنة هي الشريعة العامّة للبلاد، كانت من الناحية الفعليّة محلّ نظر.

– إنّ من الخطأ النظر إلى الشريعة الإسلاميّة على أنّها كيان متكامل مقدّس من الأحكام الشرعيّة القانونيّة الواجبة التطبيق التي يؤثم تاركها ويثاب من يأخذ بها.

عرف العالم العربي، ومصر خاصّةً، في مطلع هذا القرن، حقبةً غنيّة وهامّة في تقدّم ثقافته القضائيّة. ودافعت أقلام عربيّة كبيرة عن احترام سلامة النفس والجسد، من المحامي السوري عبد الرحمن الكواكبيّ إلى الحقوقيّ المصريّ لطفي السيّد والشاعر العراقيّ جميل صدقي الزهاويّ. كذلك دافع أنصار القوميّة العربيّة الأوائل عن دولة دستوريّة يتساوى فيها المسلمون والمسيحيّون ويعيشون معًا بحرّيّة وكرامة.

لقد كانت النقطة السوداء الوحيدة وصول آل سعود بتحالف مع آل الشيخ (حماة المذهب الوهّابيّ المتزمّت) إلى السلطة في الجزيرة العربيّة. فقد طبّق عبد العزيز آل سعود منذ 1903 العقوبات الجسديّة في وقت شهد فيه العالم العربيّ إنتاجًا جيّدًا للمحامين والقضاة المسلمين في الجامعات العلمانيّة وتقدّمًا كبيرًا في مفهوم الحقوق خسر معه رجال الدين احتكار القضاء. وفي الجزيرة العربيّة، كان لهذه العودة إلى الوراء، التي تمّت بحدّ السيف والعنف، أن تبقى دون تأثير يذكر لولا اكتشاف النفط الذي أعطى لمستبدّي الصحراء إمكانيّات تسمح لهم بحربٍ «جهادية» ضدّ كلّ أصوات الإصلاح في الإسلام خلال القرن العشرين. وسيتكفّل الحسّ التجاريّ للإدارة الأميركيّة بحماية

حرّاس التعذيب المشرّع له من كلّ خطر، حيث الغنى النفطيّ يسبق كلّ المبادئ.

خلال قرنٍ من الزمن، ناضل رجالٌ ونساءٌ من أجل تشريع دنيويّ يحترم حقّ الإنسان في سلامة نفسه وجسده. ونجد في هذه المسيرة الفيلسوف اللبنانيّ أمين الريحاني، القاضي المصريّ علي عبد الرازق، الصحافيّة المصريّة منيرة ثابت، المصلح التونسيّ الطاهر حدّاد، المفكّر السودانيّ محمود محمّد طه، عميد الأدب العربيّ طه حسين، عالم الاجتماع العراقيّ علي الورديّ، الشيخ اللبنانيّ عبد الله العلايلي... الخ. منذ ولادته سنة 1944، أدان «اتّحاد المحامين العرب» كلّ أشكال التعذيب، بينما لا تتطرّق أهمّ الدساتير في الدول العربيّة، بمعظمها، إلى العقوبات الجسديّة.

من جهته يرسم السنهوريّ، أستاذ أكثر من جيل للمحامين والقضاة العرب، الخطوط الكبرى لتشريعات ثنائيّة المرجع (غربيّة وإسلاميّة) تعبّر عن الاتّجاهات الكبرى للإصلاح القضائيّ في العالم العربيّ.

الصراعات الفكريّة حول العقوبات الجسديّة

يحمي الدين نفسه وأتباعه، وتتبلور معالمه باستمرار وفقًا لعوامل اجتماعيّة وسياسيّة واقتصاديّة وثقافيّة تحدّد مكانه والتعبيرات التمثيليّة له في المكان والزمان. إنّ الانطلاق من هذه الواقعة يسمح لنا بفهم تطوّر العقائد والقواعد في الإسلام.

معظم المصلحين في بداية القرن لم يجدوا جدوى من إعطاء مكان هامّ للعقوبات الجسديّة في عالمٍ يطرحها وراءه. وقليلٌ من العلماء من يطالب بتطبيقها. على العكس من ذلك، هناك حديث عن أسباب التنزيل وتغيّر الأحكام بتغيّر الأزمان وتاريخيّة النصّ القرآنيّ. ويطرح المصلح السودانيّ محمود محمّد طه إلغاء تشريعات المدينة وإقامة

تشريع إسلاميّ متطوّر ينسجم مع الإعلان العالميّ لحقوق الإنسان. كما يفتح الشيخ العلايلي النقاش حول مغزى ومعنى وجدوى العقوبات الجسديّة قائلًا: «إنّ العقوبات المنصوصة ليست مقصودة بأعيانها حرفيًّا بل بغاياتها»... «المبادرة إلى إنزال الحدّ عينه - فعدا أنّه لا يتّفق مع روح القرآن، الذي جعل القصاص صيانةً للحياة وإشاعةً للأمن العامّ، وليس لجعل المجتمع مجموعة مشوّهين، هذا مقطوع اليد، والآخر الرجل، والآخر مفقوء العين أو مصلوم الأذن أو مجدوع الأنف الخ». اعتبر الرجم عقوبة غير قرآنيّة وطالب بمنعها. فالحدود عنده ليست لتُطبَّق وإنّما وسيلة أخيرة واستثنائيّة لا يُلجأ إليها إلّا عند فشل كلّ الوسائل الأخرى، وفي حالات باثولوجيّة تتكرّر فيها الجريمة. فالغاية حماية الإنسان والمجتمع وبالتالي فالعقوبة يجب أن تنسجم مع معارفنا والوسائل التي نمتلكها.

بعد فرج فودة ونصر حامد أبو زيد اللذين حاربا القراءة الشكليّة والاختزاليّة للإسلام، يفتح الإيرانيّ عبد الكريم سروش نقاشًا هامًّا حول المنهج المتّبع من قبل الإسلاميّين للحديث عن حقوق الإنسان عبر إعادة الاعتبار إلى بعض المفاهيم والقواعد الفقهيّة. يركّز أستاذ الفلسفة على أنّ «هدف حقوق الإنسان لا يتطابق مع شبكة الأفكار الدينيّة، وتقييم الوقائع على أنّها مع أو ضدّ حقوق الإنسان يبقى موضوع نقاش خارج الدينيّ». فالحاجة إلى تحديد الحقّ والعدالة خارج النطاق الدينيّ، الإسلاميّ وغير الإسلاميّ، لا تحرّر الدين فحسب بل توجّهنا نحو مقاربة عالميّة: «ليس بالإمكان القول إنّ العدالة أو ما هو إنسانيّ ذو جوهر دينيّ، بل الدين، أيّ دين يطرح نفسه باعتباره عادلًا وإنسانيًا. كذلك الأمر، على الدين أن يدعو إلى الحقيقة وليس على الحقيقة أن

تكون مرتبطة بالدين»، كما «لا يمكن لأحدٍ القبول بأنّ الدين الذي يعتقد به مرتبط بشكل لا يمكن فصله عن احترامه للإنسانيّة»[20].

يتمسّك المصلحون الرافضون لخطابات تبرّر العقوبات اللاإنسانيّة بأفكار رئيسيّة تشتمل على: رفض مبدأ تفوّق الدينيّ، والقبول بأنّ حقوق الإنسان قد مُنحَت للأديان والإنسان، وإدانة كلّ ما يمسّ سلامة النفس والجسد.

«يظهر التاريخ القضائيّ، كما يقول نويل كولسون، أنّ الظروف الاجتماعيّة السائدة قد مارست تأثيرًا كبيرًا في فترة تشكّل التشريع الإسلاميّ. ومهما ادّعت النظريّة الكلاسيكيّة للحقوق، فقد أخذ الحقوقيّون القدامى في الاعتبار هذه الظروف في تفسيرهم للقرآن. ضمن هذا التوجّه، فإنّ الحقوقيّين المعاصرين لا يعلنون فحسب انتسابهم لأمثولة من سبقهم، بل أيضًا القول بأنّهم يفعلون أفضل منهم»[21].

التوظيف وتضارب المصالح

لا يمكن اختزال عودة أنصار العقوبات الجسديّة بصعود الإسلاميّين. فهناك دون شكّ مجموعة أسباب منها فشل الاتّجاهات غير الدينيّة، وغياب الديمقراطيّة، وهشاشة تعريف الشخص، حالة «الإسهال» القمعيّ والتعذيب البوليسيّ، غياب التسامح، قسوة العلاقات بين الأفراد في ظلّ أنظمة تسلّطيّة وتصاعد وتيرة العنف في الحياة اليوميّة. يُضاف إليها الدعم غير المحدود للجماعات المتطرّفة الإسلاميّة وتمويل التعبيرات الثقافيّة الأصوليّة.

---

[20] هيثم منّاع، الإمعان في حقوق الإنسان، الطبعة الثانية، بيسان، بيروت، 2018، ص 398 و399.

[21] المرجع نفسه، وهيثم منّاع، سلامة النفس والجسد، التعذيب في العالم العربي في القرن العشرين، 2000، باريس. بالفرنسية.

En français : Haytham Manna, Violence et torture dans le monde arabe, L'Harmattan, 2000.

تتناسى أغلبيّة المؤرّخين أنّ أوّل من طبّق العقوبات الجسديّة بعد آل سعود كان العقيد معمّر القذّافي في ليبيا، دون مشاركة الإسلاميّين في الوزارة أو وجود ضغوط شعبيّة لقرارٍ كهذا. ففي بداية السبعينيّات، أصدر العقيد القانون 148 لعام 1972 والقانون 70 لعام 1973 والقانون 52 لعام 1972، ثمّ عاد عن قراره بخيبة أمل لفشل الفكرة تمامًا. وبعد عشرين عامًا عاد إلى قراره من جديد في 3 نيسان/أبريل 1993.

في العاشر من شباط/فبراير 1979، اختبر عسكريّ آخر نصيبه مع العقوبات الجسديّة. وبعد عامين على إيقافه العمل بالدستور وإعلان الأحكام العرفيّة، في غياب أيّ شرعيّة قانونيّة أو شعبيّة لنظامه القمعيّ، فرض الجنرال ضياء الحقّ العقوبات الجسديّة مع تواطؤ مؤدلج الجماعة الإسلاميّة في باكستان أبو الأعلى المودودي، وذلك باسم تطبيق الشريعة الإسلاميّة. وقد دخل أربعة وزراء في حكومة الجنرال الذي أصبح رمزًا من رموز الحركة الإسلاميّة السياسيّة.

في موريتانيا، شكّلت اللجنة العسكريّة للإنقاذ الوطنيّ محكمةً إسلاميّة تطبّق الشريعة في يوليو 1980 وذلك لمحاكمة الجرائم المرتكبة بحقّ الشعب وممتلكاته. في 12 كانون الأوّل/ديسمبر 1984 وضع انقلابٌ عسكريٌّ آخر حدًّا لتطبيق العقوبات الجسديّة.

في خضمّ الأزمة الاقتصاديّة والسياسيّة التي مرّ بها نظام المشير السودانيّ جعفر النميريّ، تقمّص الأخير ثوب أمير المؤمنين معلنًا عن تطبيق العقوبات الجسديّة في 3 أيلول/سبتمبر 1983 بالتواطؤ مع «الجبهة القوميّة الإسلاميّة» بقيادة حسن الترابي. في 29 نيسان/أبريل 1984 أعلن النميري حالة الطوارئ، وفي 8 كانون الثاني/يناير 1985 أعدم الدكتاتور، وفق الشريعة، المصلح الإسلاميّ الشيخ محمود محمّد طه (80 عامًا) لرفضه تطبيق العقوبات الجسديّة في السودان باسم الله في حياته.

إن كان تطبيق الحدود في إيران ترافق مع المدّ الجماهيريّ الذي واكب وصول الخمينيّ إلى السلطة، فإنّ تطبيق العقوبات الجسديّة كان في معظم البلدان الإسلاميّة مفروضًا من فوق وببركة دكتاتوريّة عسكريّة.

فالعقوبات الجسديّة تدخل في مزايدات إيديولوجيّة بين أطراف الإسلام السياسيّ نفسها: بين إيران والسعوديّة، بين الإخوان المسلمين والجماعات المتطرّفة، بين السلطة والمعارضة. إلّا أنّ هذه المزايدات يجب أن لا تغيب عن الذهن لكون العقوبات الجسديّة سلاحًا فتّاكًا في أيدي الطغاة والمستبدّين، حيث لا تحتاج الدكتاتوريّة دائمًا إلى فتوى الفقيه لتطبيقها.

إنّ مثال تطبيق صدام حسين للعقوبات الجسديّة في نيسان/أبريل 1994 يظهر للعيان الجانب العقابيّ والترهيبيّ لهذا الفعل قبل البعد الدينيّ الذي لا يتعدّى كونه الواجهة. وقد لاحظنا من خلال قرابة عشرين كتابًا معاصرًا التركيز على قسوة الأحكام الضروريّة للتخويف والردع، فيما يسمح حسب رأي مؤلّفيها بخفض نسبة الجريمة في المجتمع. هذه الحجّة تكذّبها جملة المعطيات المرصودة في البلدان التي طُبّقت هذه العقوبات فيها. فليس هناك مثال جدّي واحد لانخفاض نسبة الجريمة في أيّ بلد بعد تطبيق العقوبات الجسديّة، كما لا يوجد مثالٌ واحدٌ لارتفاع الجريمة بعد إلغاء حكم الإعدام. على العكس من ذلك، فإنّ الآثار التي تتركها عمليّة البتر مدى الحياة تشكّل عائقًا حقيقيًّا أمام إعادة تأهيل المُعاقَب الذي يتحوّل إلى ضحيّةٍ دائمة بالمعنيَين النفسيّ والجسديّ. وفي دراستنا لحالات عديدة، لاحظنا وجود صدمات نفسيّة مع تنامي عقدة الإذلال الجماعيّ إضافة إلى العجز الجسديّ، الأمر الذي يخلق تصرّفات مناهضة للمجتمع أكثر منه رغبة في الاندماج فيه.

خلال معرض نظمته السلطات السعوديّة في «معهد العالم العربي في باريس» بالتزامن مع ذكرى كأس العالم لعام 1998، وزّع مكتب

الإعلام السعودي كرّاسًا بعنوان «الأمن وحقوق الإنسان في المملكة العربيّة السعوديّة»، نقرأ فيه:

«إنّ غاية العقوبات حماية الضروريّات الخمس للإنسان وهي الروح والعقل والدين والأملاك والشرف. وكلّ اعتداء عليها يحاسب عليه وفق ما ارتأت الشريعة. فالإسلام يعتبر أنّ كلّ من قتل شخصًا فقد قتل المجتمع. من هنا فإنّ حكم الإعدام عادلٌ بحقّه. وهو يعزّي أقرباء الضحيّة. من الغريب أن نجد من يشفق على المجرم الذي ارتكب القتل دون شفقة أو مراعاة. لا أحد يستطيع أن ينكر الأضرار التي يسبّبها تجّار المخدّرات. ما مصير من لا يُطبّق بحقّه حكم الإعدام؟ هل يعود إلى الطريق المستقيم أم يعود إلى طريق الاتّجار بالمخدّرات؟ لقد أظهرت التجارب أنّ تجّار المخدّرات يعودون إلى ممارساتهم بالرغم من العقوبات المفروضة وموانع الأمن. إذن لا اطمئنان في المجتمعات التي لا تطبّق حكم الإعدام. فهذا الإجراء يحثّ التجّار على التفكير. وكذلك قرّرت الشريعة قطع اليد حمايةً للممتلكات» (ترجمة عن النصّ الفرنسيّ).

في نهاية قرنٍ اتّسم بتطبيق العقوبات الجسديّة في مملكة الأمن، لدينا أدلّة على وجود قويّ لتجّار المخدّرات في هذا البلد، ولكن أيضًا هناك أصوات مقاومة لهذه الممارسات الشائنة والمهينة للكرامة الإنسانيّة من داخل المملكة العربيّة السعوديّة وخارجها (أصوات إصلاحيّة كثيرة بدأت بالصعود مع التطبيق الوحشيّ للعقوبات الجسديّة سواءٌ من قبل طالبان أو داعش أو القاعدة وأخواتها في بلاد الشام واليمن. وقد وثّق المعهد الاسكندنافيّ لحقوق الإنسان العديد من الدراسات النقديّة الجديدة وطبع كتاب الدكتور محمّد حبش «العقوبات الجسديّة وكرامة الإنسان» في 2015).

تيانانمن (1989)
Tiananmen

في الرابع من حزيران/يونيو 1989، اقتحمت الدبّابات ساحة تيانانمن لفكّ اعتصام الطلبة فيها بالقوّة. ولم يمرّ أسبوعان حتّى بدأت أحكام الإعدام تتوالى لتُتوّج بمقتل أكثر من ألفي مواطن في شوارع بكين. ولكي يذكّر قادة «الحزب الشيوعيّ الصينيّ» بأنّ حزبهم يحترم التقاليد البربريّة للمستبدّين من أباطرة الصين، بدأت الإعدامات بعاملٍ وفلّاح. واحترامًا للتقاليد عينها، أجبرت السلطات أهالي المحكومين على دفع مبلغ 2 يوان ثمنًا للرصاصة التي تقتل أبناءهم.

بأسلوبه القادح، كتب راؤول فاينغام في 1967: «تحضّر الصين أطفالها لمجتمعٍ بلا طبقات بتعليمهم حبّ الوطن والعائلة وحبّ العمل. الأنطولوجيا (علم الكائنات) التاريخيّة تلتقط حثالات كلّ المنظومات الميتافيزيقيّة السابقة، كلّ الـ«في ذاته»، الله، الطبيعة، الإنسان، المجتمع. من الآن وصاعدًا يصنع التاريخ ضدّ التاريخ نفسه، لأنّ التاريخ أصبح آخر متراس أنطولوجيّ للسلطة. الخديعة الأخيرة حيث تتستّر في وعد نهاية أسبوع طويلة، رغبتها في الاستمرار حتى يوم السبت الذي لن يأتي أبدًا. ماوراء التاريخ الفيتشيّ (البدي) تتكشّف تبعيّة الألم للتنظيم الاجتماعيّ المراتبيّ. وعندما تدغدغ رغبة وضع حدّ للسلطة المراتبيّة وعي البشر بشكلٍ كافٍ، يدرك كلّ واحد أنّ الحرّية المسلّحة وثقل القسر لا يمتّان بأيّ صلة إلى الميتافيزيقيّ».

كان الهدوء الظاهر يهيمن على أكبر تجمّع سكّاني في العالم لنظام الحزب الواحد بنفس الصفات التي تُحدّثنا عنها «مدرسة بودابست» وروّادها فيهر، هيلر وماركوش، وهي:

— كلّ السلطات (تنفيذيّة، تشريعيّة، قضائيّة) ممركزة.

– كلّ المجالات العامّة (اقتصاديّة، اجتماعيّة، ثقافيّة وسياسيّة) تقرّرها سلطةٌ مركزيّة للقرار.

– السلطة المركزيّة متطابقة مع الهيئات العليا للحزب.

– كلّ التنظيمات (المنتخبة أو المعيّنة) يراقبها الحزب على كلّ المستويات، وعليها تمثيل خطّ الحزب وتنفيذ رغباته العليا.

لم يصل الحزب الشيوعيّ الصينيّ إلى السلطة عبر انقلابٍ عسكريّ، بل عبر تنظيم حرب تحرير شعبيّة. حرب تبعها، منذ الاستقلال، نهج الطريق البيروقراطيّ إلى الرأسماليّة بتصنيع البلاد واحتكار قيادة الحزب للنهج الاقتصاديّ كاملًا مع اندماج السلطات وقوننة العنف ضمن نطاق أيديولوجيّة تعتبر المساواة واحدًا من أركانها. إنّ العقيدة التي تمنح الحقيقة كلّها للحزب جرّدت المجتمع يومًا بعد يوم من كلّ أسلحة الاغتناء والمبادرة والتجديد، معزّزة وجود جهاز بيروقراطيّ معزول عن المجتمع وفي علاقة عدائيّة معه. مهما كان مفهوم ديكتاتوريّة البروليتاريا الماركسيّ بعيدًا عن هذه الأشكال من الديكتاتوريّة، فإنّ أقلّ ما يقال هو أنّ ماركس وأنجلز قد استعملا بخفّة هذا المفهوم الذي أعطى في التجربتين السوفياتيّة والصينيّة ومرادفاتهما تبريرًا أيديولوجيًّا لكلّ الديكتاتوريّات الحزبيّة. كلمة ديكتاتوريّة، مثل العبوديّة، تحتاج إلى إلغاء، لا إلى إعادة استعمال.

أدّى الريف والفلّاحون دورًا في تكوين البيروقراطيّة العسكريّة والحزبيّة، وضرب ماو تسي تونغ كلّ الإمكانيّات الثقافيّة والفكريّة والسياسيّة في الحزب والمجتمع. عوامل أفضت إلى خلق حالة فقر دم سياسيّ عامّ وهزال ثقافيّ معمّم حصر التجربة الصينيّة في نتاجات ماو المركّبة من الستالينيّة واللينينيّة، والتراث الكونفوشيّ وتجربته الشخصيّة. وبذلك انطبعت هذه التجربة إلى يومنا بعقائديّين وذرائعيّين.

كان بقاء ماو تسي تونغ هو الضمانة الأخيرة للعقائديّة الصرفة، لكون الجيل العقائديّ الأوّل قد ترهّلت حماسته والجيل الثاني قد دخل الحزب للانتفاع من امتيازات الحزبيّين. كذلك، أصبحت البيروقراطيّة مثقلة بغير المنتجين وبغبائها، مكبّلةً لطاقات الشعب ورغباته ومعادية لكلّ تجديد ومبادرة، مع عجزها عن إيجاد مخرج عمل مقبول لحوالي 250 مليون نسمة، الأمر الذي غطّاه ماو تسي تونغ بمبدأ المساواة في الفقر للجماهير وتكديح الكوادر.

هنا جاء دور دنغ سياو بنغ، قائد حملات القمع في 1957 ورمز الذرائعيّة في الحزب ليعلن عن سياسته الجديدة: مركز واحد ونقطتان أساسيّتان.

يتمثّل المركز في تكثيف جهود الحزب والشعب على البناء وتحديث البلاد.

أمّا النقطتان: فالأولى تشتمل على المبادئ الأربعة (الدور القائد للحزب الشيوعيّ، الطريق الاشتراكيّ، الديكتاتوريّة الديمقراطيّة للشعب، الماركسيّة اللينينيّة – أفكار ماو تسي تونغ) والثانية على سياسة الانفتاح والإصلاح.

إنّ الترجمة العمليّة لهذه الشعارات تلخّص أيّما تلخيص القراءة الوهّابيّة الحنبليّة القائمة على التوفيق بين الليبراليّة الاقتصاديّة والاستبداد السياسيّ والتشنّج العقائديّ. وقد باشر مشروع الانفتاح بما يسمّيه الصينيّون «الكسب السريع غير المشروع»: فساد، رشى، عمولات، سمسرة، إلخ بحيث شدّ إليه من الجهاز البيروقراطيّ فئة منتفعة واسعة ترتبط مصلحيًا به، مع تعزيز نظام المحاباة والولاءات الشخصيّة والخدمات المتبادلة.

ضمن انشغال الفلّاحين بإعادة ترتيب أوضاعهم، والظروف المعاشيّة القاسية للعمّال والقبضة الفولاذيّة للحزب وتنظيماته المهنيّة، كان ثمّة

نقطتا ضعف للنظام يمكن أن تأتي منهما الزوابع والعواصف: الأولى الجيش، والثانية الفئات غير المستقرّة من طلبة ومثقّفين مستقلّين وعاطلين وجماهير الهجرة الداخليّة. وفي كانون الأوّل/ديسمبر 1986، كما في ربيع 1989، كانت لحظات المواجهة بين جيش أضاع وجهته وطلبة اكتشفوا معالم الطريق.

جاء ربيع الحريّة بعد تراكمات نضاليّة طويلة للطلبة والعمّال والمثقّفين آخرها تظاهرات شتاء 1986-1987. فما بين الخامس من كانون الأوّل/ديسمبر 1986 والثاني من كانون الثاني/يناير 1987، كانت تظاهرات الطلبة تجوب شوارع 14 مدينة صينيّة كبرى في كلّ يوم. يمكن تلخيص شعارات هذه المرحلة الخصبة في ثلاث جمل:

لا يوجد شيء لا يمكن قراءته

لا يوجد شيء لا يمكن كتابته

لا يوجد شيء لا يمكن قوله

كان الطلبة يحيّون كومونة باريس ويطالبون بحرّية الصحافة، يستنكرون الفساد ويطالبون بتحسين أوضاعهم المعاشيّة. جامعتا «بيدا» و«كينغوا» في بكين أصبحتا مركزًا للتجديد والحوار والإبداع الأدبيّ والفنّي... «عفوًا أيّها الطلبة، لسنا نحن المجرمين، المجرمون هم الصامتون»، هكذا أعلنت الحركة الطلّابيّة في ملصق لم يلبث أن انتشر في جامعات الصين كرمزٍ للتمرّد. فبعد أربعين عامًا من الاستقلال، قدّمت الدولة للطلبة غرفًا صغيرة لا تتجاوز 15 مترًا مربّعًا، ينام في كلّ منها 6 إلى 8 طلّاب. معظم الطلبة لم يكن يأكل سوى نوعيّة سيّئة من الأرزّ مع القليل من الخضروات والصلصة (المرق). في تلك الفترة، لوحظ ارتفاع نسبة اضطرابات التغذية والنوم كثيرًا في المدن الجامعيّة، علمًا بأنّ وضع الهيئة التدريسيّة لم يكن أفضل حيث 70٪ من المدرّسين الشباب كانوا يفتقرون إلى مساكن يقطنون بها مع زوجاتهم. إلّا أنّ

الطلبة عثروا حينها على مفتاحٍ يساعد على حلّ قضاياهم: إن كانت البيروقراطيّة تعجز عن حلّ مشاكل المجتمع، فلتعطِ للمجتمع حقّه في التعبير والمبادرة والقرار.

لقد بدأ صراع الأجيال والطبقات من جديد، ولكن ليس كما يخطر على بال البعض: فالطبقة العاملة والعاطلون والمهمّشون في موقع، والدولة والحزب في موقع آخر. الطلبة والشبيبة في معسكر، والعجائز البيروقراطيّون في معسكر آخر.

في السابع من نيسان/أبريل بدأت التظاهرات الطلّابيّة الأولى بعد يومين من وفاة الأمين العامّ الأسبق المعزول للحزب الشيوعيّ، وفي 19 من الشهر نفسه نزل إلى ساحة تيانانمن قرابة مئة ألف متظاهر. ورغم منع التظاهر، احتلّ الطلبة ساحة تيانانمن في 22 نيسان/أبريل وبدأت الحركة بالانتشار إلى المدن الأخرى، حتّى وصل عدد المشاركين في تظاهرة بكين بعد خمسة أيّام، إلى أكثر من نصف مليون شخص، وانضمّ قطاع من العمّال إلى الحركة.

في الرابع من أيّار/مايو، وبالتزامن مع الذكرى السبعين لتظاهرات 1919 الطلّابيّة، طالب 300 ألف طالب بالحوار مع السلطات، وبحريّة الصحافة. وانضمّ عددٌ كبيرٌ من الصحافيّين والمثقّفين والعاطلين من العمل إلى الطلبة، فشملت التظاهرات مدن شنغهاي وتيانجان ووهان وكسيان.

في 13 أيّار/مايو، بدأ ألف طالب إضرابًا مفتوحًا عن الطعام من أجل الحوار. وفي 17 و18 أيّار/مايو طالب قرابة مليون متظاهر في بكين باستقالة رئيس الوزراء الذي قابل المضربين عن الطعام في 19 أيّار/مايو، وطلب من الجيش بعد وقف الإضراب إعادة الأمن والنظام.

في 20 و21 أيّار، نزل مئات آلاف المواطنين إلى الشوارع للحؤول دون تطبيق حالة الطوارئ، فيما أجمعت دعوات الطلبة على التآخي مع

الجنود. أكثر من 100 ألف متظاهر في شنغهاي، 300 ألف في نانكان، و200 ألف في شنزن (مليون متظاهر متضامن في هونغ كونغ).

في 29 أيّار/مايو أقام الطلبة نصب مينزوزي شين (إلهة الحرّية) في تظاهرة ضمّت نحو مليون شخص.

ليلة 2-3 حزيران/يونيو فشل الجيش في دخول العاصمة والسيطرة عليها سلميًّا.

في ليلة 3-4 من الشهر نفسه غزت ألوية الجيش الموالية للسلطة العاصمة وبدأت بحملة من الاعتقالات والإعدامات.

يشكّل تحرّك تيانانمن السلميّ أهمّ انتفاضة للحقوق السياسيّة والمدنيّة في القرن العشرين من حيث الكمّ والنوع. ورغم أنّ متوسّط عمر المشاركين فيها كان يراوح بين 20 و23 عامًا، فقد غطّت كلّ الكليّات، ونجحت في خلق لجان قاعديّة في كلّ كليّة تخضع للديمقراطيّة المباشرة، أي الانتخاب والعزل المباشر دون فترة ثقة مطلقة. وقد استطاع الطلبة عدّة مرّات تعبئة مليون شخص والحفاظ على الهدوء وضمان تموين العاصمة والتطبيب والطوارئ. وكان أسلوبهم يبدأ من النضال السلبيّ (مقاطعة أجهزة السلطة وتنظيماتها والدروس...) إلى التعبئة الإيجابيّة بالخروج إلى الشوارع واحتلال الساحات المركزيّة في المدن والمطالبة بالحوار المتكافئ، وكانوا ينظّمون توزيع الغذاء والماء، وتبادل المهمّات والاتّصالات وإصدار نشرات إخباريّة مستمرّة عن تحرّكاتهم في مختلف المدن. خلال عشرات الأيّام، تكوّنت عشرات التنظيمات النقابيّة والجمعيّات الثقافيّة والمهنيّة والصحف شبه السريّة. كانت الملصقات والشعارات القصيرة تُلخّص نقد القائم وحلم القادم منها: «فليركع البوليس أمام إرادة الشعب، يسقط الفساد، تسقط الامتيازات والمتاجرة الرسميّة، سيّدتنا العلوم، سيّدتنا الديمقراطيّة.. نحن بانتظاركما منذ سبعين عامًا. لا تجبرونا على نشر الأكاذيب، من

واجبكم مناهضة الفساد... ابدأوا بأولادكم، سفك الماء غير سفك الدماء... بيعوا المرسيدس بنز وقدّموا ثمنها للتعليم».

وتبقى المطالب السبعة للطلبة التي تتضمّن (بناء الديمقراطيّة، محاسبة أجهزة القمع، ضمان حرّية النشر بقانون جديد، التحقيق في السرقات والاختلاسات وممتلكات المسؤولين، تقديم نقد ذاتيّ حكوميّ حيال السياسة التعليميّة، إعادة الاعتبار لكلّ مواطن تعرّض للظلم المجّانيّ، التعريف بحركة المعارضة دون تشويه). تبقى هذه المطالب راهنة في كلّ نظام تسلّطيّ مهما كانت طبيعة الحزب والحكم.

نلسون مانديلا (1918-2013)

Nelson Mandela

وُلد نلسون روليهلاهلا مانديلا في كونو (Qunu) في 18 تمّوز/يوليو 1918. الشابّ المنحدر من عائلة ثمبو الملكيّة، فُصل من معهد «جامعة فورت هير» لقيادته إضرابًا طلّابيًّا في عام 1940. رحل إلى جوهانسبورغ ليعمل في البوليس قبل التحاقه بكلّية الحقوق. وفي 1942 انتسب إلى «المؤتمر الوطنيّ الأفريقيّ» (ANC)، كما أسهم بفاعليّة في ولادة رابطة الشبيبة التي أدّت دورًا هامًّا في تعديل توجّهات المؤتمر وتبنّي برنامج عمله في 1949. ومنذ 1951، بدأ عدّة مراجعات لمفهوم القوميّة السوداء عبر حواراته المعمّقة والهامّة مع الشيوعيّين البيض والمناضلين الهنود. وقد قاد حملة سلميّة ضدّ القوانين العنصريّة الجائرة أودت به إلى أوّل اعتقال في 26 حزيران/يونيو 1952 أي في الليلة الأولى لإعلان العصيان المدنيّ.

تولّى منصب نائب رئيس «المؤتمر الوطنيّ الأفريقيّ» وباشر عمله محاميًا مع رفيق نضاله أوليفر تامبو منذ 1952. إثر مجزرة شارب فيل،

اعتُقل لخمسة أشهر في 1960، أي في السنة التي أصبح فيها المؤتمر الوطنيّ محظورًا. انتُخب مانديلا أمينًا لـ«مجلس العمل القوميّ»، وقاد حراكاته الشعبيّة في 29-31 مايو/أيّار 1961 ثمّ دخل السريّة منذ ذاك الحين حيث غادر جنوب أفريقيا سرًّا للبحث عن الدعم الشعبيّ والماليّ والعسكريّ لقضيّة بلده. عاد في تمّوز/يوليو 1962، واعتُقل في الخامس من آب/أغسطس، فأعيد التحقيق معه في السجن بعد اعتقال قيادة «منظّمة أومخونتو» في جوهانسبورغ قبل أن يصدر عليه الحكم بالسّجن المؤبّد في 11 حزيران/يونيو 1964.

أُفرج عن مانديلا بدون شروط في 11 شباط/فبراير 1990 ليشغل منصبه كنائب رئيس لـ«المؤتمر الوطنيّ الأفريقيّ». أعلن وقف الكفاح المسلّح بعد مباحثات مع الحكومة، وبعد عامٍ انتُخب رئيسًا للمؤتمر في أوّل انعقاد له منذ 1959.

أدّى مانديلا دورًا هامًّا في الجمع بين تصوّر متعدّد الأجناس متأثّرًا بالتجربة الديمقراطيّة الغربيّة والنزعة الماركسيّة للمساواة، وقد امتلك القدرة على تحديد استراتيجيّات العمل الأفضل لمواجهة أحد أقسى أشكال التمييز العنصريّ والاستيطان في العالم. هكذا، نجح مع حركته في التوصّل إلى اتّفاق للسلام الأهليّ يلغي القوانين العنصريّة في جنوب أفريقيا بعد نضالات قاسية خاضها الملوّنون للحصول على كامل حقوقهم الاسميّة (Formal Rights) وإلغاء النظام العنصريّ.

خاض «المؤتمر الوطنيّ الأفريقيّ» أوّل حملة انتخابيّة في البلاد ببرنامجٍ اجتماعيّ يطرح قضيّة إعادة توزيع الأرض، وبناء قرابة مليون سكن شعبيّ، والمساواة في فرص العمل بين كلّ المواطنين. لقد نال المؤتمر في الانتخابات أكثر من 62 من الأصوات في أيّار/أبريل 1994، وفي التاسع من الشهر نفسه، انتُخب مانديلا رئيسًا للجمهوريّة من قبل أوّل برلمان ديمقراطيّ في البلاد. سنة 1997، أقرّت جنوب أفريقيا

دستورًا ديمقراطيًّا حديثًا يتبنّى المبادئ الأساسيّة لحقوق الإنسان، وفي حزيران/يونيو 1999 ومع انتهاء ولايته، رفض مانديلا تجديد ترشّحه لرئاسة الجمهوريّة، مبتعدًا بهدوء عن قيادة مركب التحرّر في بلاده، ليبقى الرمز الأفريقيّ المتميّز للدفاع عن مفهوم سامٍ للعدالة الإنسانيّة.

محاكم التفتيش

Inquisition

لم يبدأ العسف الكنسيّ مع محاكم التفتيش. فبعدما كان المسيحيّون الأوائل ضحيّة اضطهاد كبير، لم تلبث الكنيسة المتحالفة مع الإقطاع أن كرّرت بحقّ من يخالفها الفظائع التي ارتكبتها بحقّ المسيحيّين. وإن كان مجمّع لوتران الثاني (1139) كلّف الأساقفة بملاحقة الهراطقة، والقضاة بمحاكمتهم، والأمراء بتقديم كلّ عونٍ ممكنٍ حفاظًا على مناصبهم، فإنّ محاكم التفتيش قد نشأت بأمرٍ من البابا غريغوار التاسع في 1231. تمتلك هذه المحاكم الاستثنائيّة الدائمة حقّ التدخّل في كلّ القضايا المصنّفة في إطار الدّفاع عن الإيمان والعقيدة. وتعود التسمية إلى إجراءات التحقيق التي تسمح للقاضي بالبحث عن المتّهمين. وقد استهدفت بادئ الأمر الكاتار (Cathares) والفوديّين (Vaudois) ثمّ لم تلبث أن نالت من مختلف عائلات الهرطقة والبدعة والروحانيّات والكهانة والتجديف. وكان من الصعب على محاكم التفتيش القيام بعملها لولا تواطؤ السلطات غير الدينيّة مع الجهاز الدينيّ، وتزويده بما يحتاج إليه بما فيه تنفيذ العقوبات. وفي حقبة كانت فيها وحدة الدين أهمّ أسس الإمارة، تداخلت مصلحة الدولة والكنيسة في هذه الصفحة المظلمة من تاريخ الأخيرة.

لم يكن القانون الرومانيّ يسمح بالظلم الذي أتت به محاكم التفتيش، وكان من الضروريّ وجود قوانين استثنائيّة وإجراءات خاصّة تتيح الاعتقال الظنّي دون انتظار أدلّة كافية والتقييم الذاتيّ للقضاة كلّما وُجدت شكوك والحكم السريع والمؤثّر في عامّة الناس لا فقط في إطار الضحيّة ومحيطها. وقد تبلورت هذه الإجراءات في عهد غريغوار التاسع مع إقرار Excommunicamus في شباط/فبراير 1231 بعد قرابة نصف قرن من القرارات التعسّفيّة في الاتّجاه نفسه. وأصبح حكم التائبين، باختصار، السجن المؤقّت أو المؤبّد مع حرمانهم من حقوقٍ أساسيّة مدى الحياة، أمّا من يصرّ على قناعاته فعقوبته الإعدام بالنار.

بعد ثمانية أشهر، عُيّن أحد الكهنة المتطرّفين، كونراد ماربورغ، في منصب يذكّرنا بمنصب صاحب الزنادقة في بغداد، إذ شكّل ماربورغ فريق عمل كانت له صلاحيّات شبه مطلقة في الملاحقة والمحاكمة وتقرير مصير من يقع في شباك الهرطقة. أدّت بشاعة أساليب المذكور إلى ظهور أصوات احتجاج انتهت باغتياله في تمّوز/يوليو 1233 دون أن يؤثّر ذلك على استمراريّة المؤسّسة.

منذ البداية، استعان البابا ببعض الآباء الدومينيكان، ثمّ بعد 1233 جرى التركيز على الإخوان الواعظين للقيام بهذه المهمّة لتخفيف العبء عن الأساقفة. كان للمحكمة عادةً عنوانٌ ثابتٌ هو بيت محكمة التفتيش، يعيش فيه من يتولّى المحاكمة وله مرتّب سنويّ حينًا أو جزءٌ من الممتلكات والأغراض المُصادرة للأشخاص المُحاكمين، قد يصل إلى ثلث قيمتها. يرأس كلّ محكمة قاضيان يتساويان في السلطات، كان كلاهما على الأغلب من الوعّاظ، وتسمّيهما السلطات العليا في المنطقة.

بداية من مطلع القرن الرابع عشر لم يعد هناك سوى قاضي تحقيقٍ واحدٍ يساعده عددٌ من المفوّضين، وقد صارت صلاحيّاته كاملة ولم يكن مضطرًا إلى مراجعة أيّ هيئة دينيّة عليا.

إلّا أنّ محاكم التفتيش عرفت تعرّجات مختلفة سواء لتدخّل البابا أو لمواقف الملك أو طبيعة المجلس المكلّف بها. كذلك كان للجمهور دوره، الأمر الذي تجلّى بوضوح في إسبانيا حيث أضيف إلى الاعتبارات العامّة للهرطقة، العاملان الدينيّ والإتنيّ، وخاصّة اليهود والمور (مسلمو شمال أفريقيا).

يعود قرار تنظيم محاكم التفتيش في إسبانيا إلى قرار البابا Sixte IV الصادر في الأوّل من تشرين الثاني/نوفمبر 1478 وذلك بطلب من ملوكها الكاثوليك. ومنذ عام 1483، تمّ تشكيل «المجلس الأعلى والعامّ لمحاكم التفتيش» الذي عهد أمره إلى الأسقف إنياسو مانريك، قبيل انتهاء إبعاد العرب من الأندلس (Reconquista) في كانون الثاني/يناير 1492. لم تمرّ أيّام على ذلك الحدث، حتى باشر الملوك الكاثوليك سياسة لإبادة التعدّديّة الدينيّة والقوميّة في إسبانيا. ففي 31 آذار/مارس 1492، وُجّه بلاغ إلى كلّ أسقف وشريف ومسؤول دينيّ، يتضمّن شرحًا لمخاطر وأضرار الاختلاط بغير الكاثوليك، ويُعطي اليهود مهلة أربعة أشهر للاختيار بين اعتناق المسيحيّة أو النفي خارج الأندلس. نُظّمت عمليّة الإبعاد بتعيين أشخاص يشرفون على متابعة قضايا الأملاك والديون، فيما صودر كلّ كنيسٍ يهوديّ، وكذلك مقابر اليهود وأملاك الوقف والكتب الخاصّة بهم. لقد اختار ثلثهم اعتناق المسيحيّة (قرابة 100 ألف شخص)، وأدّى إبعاد الباقين إلى نتائج اقتصاديّة مروّعة على السكّان وعلى إسبانيا، ما حدا بالسلطات الإسبانيّة إلى دعوة اليهود في 1493 للعودة واعتناق المسيحيّة مع تعهّدات باسترجاع أملاكهم واسترداد ما باعوه منها بالثمن نفسه. وقد عاد ثلث من رحل تقريبًا بعد هذا الإجراء. وفي 1495، وإثر مصاهرة ملكيّة برتغاليّة-إسبانيّة، انتقلت عدوى محاكم التفتيش إلى البرتغال، إلّا أنّ الأخيرة أمرت في 1497 يهودها باعتناق المسيحيّة تجنّبًا لما حصل في إسبانيا.

نتيجة محاكمات أعوام 1492، 1497، 1498، لم يبق على الأرض الإسبانيّة يهوديٌّ واحد، ففي المحصّلة اعتنق قرابة 200 ألف يهوديّ المسيحيّة وفرّ قرابة مئة ألف منهم.

وما إن انتهت عمليّة تصفية الوجود اليهوديّ حتى بدأت عمليّة تصفية ما بقي من الوجود العربيّ-البربريّ حيث خُيّر المسلمون الذين عُرفوا بالمور (Maures) بين اعتناق المسيحيّة أو مغادرة إسبانيا. آثرت الأغلبيّة الساحقة مغادرة الأندلس وبقيت أقليّة صغيرة قبلت اعتناق المسيحيّة.

إنّ عمليّات الطرد الواسعة هذه لم توقف محاكم التفتيش، بل على العكس، فتحت ملفّ التحقيق في مصداقيّة اعتناق اليهود والعرب للمسيحيّة، إذ جرت من 1493 إلى 1505 خمس عشرة عمليّة شهادة إيمان (Auto da fe: قراءة المحكمة لنصّ الإدانة للهراطقة الذين يحضرون لإعلان توبتهم وهم في ملابس Sambenito – سانبينيتو بالإسبانيّة، وهي ملابس خاصّة وُضعت عليها صلبان سود مع رسوم تشير إلى مدى عناد وخطورة أفعال من يرتديها).

هناك أرقام مروّعة وصلت عن محاكم التفتيش، ولو أخذنا بعض المدن الإسبانيّة مثالًا في فترة محدودة، نجد أنّه أُفرج عن 700 شخص في إشبيلية (من 1481 إلى 1488) وأعلن خمسة آلاف اعتناق المسيحيّة والتوبة. وفي طليطلة (بين 1485 و1501) أُحرق 250 شخصًا بالفعل. وخلال فترة دامت أقلّ من عشر سنوات، أُحرِق في إسبانيا ألفا شخصٍ مقابل 15 ألفًا أعلنوا التوبة وانحسرت عقوبتهم إلى الغرامة الماليّة لتمويل حرب غرناطة، والسجن والحرمان من العمل في القضاء والجهاز الكهنوتيّ والصيدلة والطبّ والجراحة والاتجار بالمجوهرات (أو لبسها) كذلك عدم ركوب حصان أو لبس الحرير والأنسجة الفاخرة.

استمرّت محاكم التفتيش طيلة القرن السادس عشر، وفرضت قوانينها في البرتغال في عهد فيليب الثاني منذ 1580 ثمّ انتقلت إلى المكسيك في القرن السادس عشر نفسه وبعدها البيرو. وقد عرف القرن السابع عشر عدّة محاكمات كبيرة خاصّةً في مدريد أعوام 1600، 1632 و1680. وفي الأخير، صدر 118 حكمًا منها 104 لـ«متسترّين يهود» أُعدم 18 منهم.

ومن المفترض انتظار عام 1809، حيث كان لتدخّل نابليون أثره في إلغاء المحاكم ثمّ عادت فترة الارتداد الرجعيّ ولم تُلغَ رسميًّا ونهائيًّا حتى 1834. تُقدّر بعض المراجع عدد ضحايا محاكم التفتيش في أوروبا وأميركا اللاتينيّة بـ300 ألف شخص.

المحنة

Mihna

ليس بالإمكان قراءة التاريخ في سياق عقلانيّ منظّم ومتماسك. فالمنطق هو ابن الفلسفة أكثر منه رهينة الوقائع. والحياة تحمل بغناها وفقرها، وبصفعاتها ومفاجآتها، كلّ المفارقات. فيما ارتبطت كلمة محاكم التفتيش في الغرب برجال الدين الأكثر انغلاقًا وتعصّبًا، جاءت كلمة «المحنة» في عهد الخليفة المأمون (813-833 م)، «نجم بني العباس في العلم والحكمة» بوصف الدميري له، لكونه فتح الباب واسعًا لاكتشاف ثقافات الشعوب وعلومها وتجاربها. ولعلّ هذه المفارقة الكبيرة هي النتاج «الطبيعيّ» لمفهوم الخلافة الذي ركّز في يد السلطان سلطات مطلقة لا بد من أن يُساء استعمالها، مهما كان العدل منتصبًا في رأس الحاكم، ومهما كان هاجس المعرفة متأصّلًا في نفسه.

لقد خاض المأمون حربًا ضروسًا ضدّ بابك الخرّمي قائد إحدى أبرز الحركات الاجتماعيّة والفكريّة الراديكاليّة في التاريخ العربيّ الإسلاميّ، وحاول استئصال التيّار المتزمّت في عصره بوسائل قمعيّة ولاإنسانيّة. ورغم الإنجازات الكبيرة في عصره، منها انطلاقة «دار الحكمة» بتشجيعٍ منه، فقد ضرب القمع محاولات الإصلاح المعتزليّة وكان لتكفير المعتزلة لخصومهم تكفير كلّ الخصوم لهم، وأدّى الربط بين العقلانيّة الإسلاميّة وفكرة الفرقة الصائبة إلى تعزيز فكرة الفرقة التقليديّة الناجية لقرون من بعدهم. هذا الدرس التاريخيّ الهامّ ينتصب اليوم أمام أعيننا مع مخاطر التجارب «العلمانيّة» غير الديمقراطيّة التي تشكّل تكرارًا كاريكاتوريًّا للتاريخ، وتعني على المدى الطويل، مصيبة لا يمكن تقدير نتائجها، على العلمانيّة والديمقراطيّة معًا.

تتلمذ المأمون (198-280 للهجرة/813-894 م) على أيدي أسماء معتزليّة هامّة مثل يحيى بن مبارك، ودعاه ثمامة بن الأشرس إلى الاعتزال كما يبدو. وكان الخليفة بطبعه متعطّشًا للعلم والفلسفة محبًّا للمناقشة. لكنّ أكثر المراجع تركّز على دور أهمّ قضاة المعتزلة في السعي لتحويل هذه المدرسة إلى أيديولوجيّة رسميّة، قصدنا القاضي أحمد بن أبي دؤاد الإياديّ (160-240 للهجرة/776-854 م). اتّصل القاضي بالخليفة منذ عام 204 للهجرة (820 م)، ويُجمع المؤرّخون على أنّ الإيادي كان وراء الحملة التي رافقت موضوعة خلق القرآن وحوّلت النقاش الفكريّ والعقائديّ إلى عمليّة تصفية للخصوم. فمنذ 212 للهجرة (827 م)، أظهر المأمون اقتناعه بخلق القرآن. إلّا أنّ حمل الناس على الاعتقاد بذلك حتى 218 للهجرة (833 م) حيث امتحن أهل دمشق في العدل والتوحيد، ثمّ من مدينة الرقّة على ضفاف الفرات كتب إلى إسحق بن إبراهيم رئيس شرطة بغداد كتابًا يذكّرنا بنشأة ديوان الحسبة معزّزة بخليفة يضيف إلى سلطاته الفتوى في إيمان المسلمين. وقد أورد الطبري نصّ هذا الكتاب:

«أمّا بعد، فإنّ حقّ الله على أئمّة المسلمين وخلفائهم الاجتهاد في إقامة دين الله الذي استحفظهم، ومواريث النبوّة التي أورثهم، وأثر العلم الذي استودعهم، والعمل بالحقّ في رعيّتهم، والتشمير لطاعة الله فيهم. والله يسأل أمير المؤمنين أن يوفّقه لعزيمة الرشد وصريمته، والإقساط فيما ولّاه الله من رعيّته برحمته ومنّته.

وقد عرف أمير المؤمنين أنّ الجمهور الأعظم والسواد الأكبر من حشو الرعيّة وسفلة العامّة ممّن لا نظر له ولا رويّة، ولا استدلال له بدلالة الله وهدايته، ولا استضاء بنور العلم وبرهانه في جميع الأقطار والآفاق، أهل جهالة بالله وعمى عنه وضلالة عن حقيقة دينه وتوحيده والإيمان به، ونكوب عن واضحات أعلامه وواجب سبيله، وقصور أن يقدروا الله حقّ قدره، ويعرفوه كنه معرفته، ويفرّقوا بينه وبين خلقه، لضعف آرائهم ونقص عقولهم وجفائهم عن التفكّر والتذكّر. وذلك أنّهم ساووا بين الله تبارك وتعالى وبين ما أنزل من القرآن. فأطبقوا مجتمعين، واتّفقوا غير متعاجمين، على أنّه قديم أوّل لم يخلقه الله ويحدثه ويخترعه. وقد قال الله في محكم كتابه الذي جعله لما في الصدور شفاءً، وللمؤمنين رحمةً وهدى: «إنّا جعلناه قرآنًا عربيًّا» فكلّ ما جعله الله فقد خلقه. وقال: «الحمد لله الذي خلق السماوات والأرض وجعل الظلمات والنور». وقال عزّ وجلّ: «كذلك نقصّ عليك من أنباء ما سبق». فأخبر أنّه قصصٌ لأمور أحدثه بعدها وتلا بها متقدّمها. وقال: «الر، كتابٌ أحكمت آياته ثمّ فصّلت من لدن حكيم خبير». وكلّ محكَمٍ مفصَّلٍ فله مُحكِمٌ مفصّل والله محكِم كتابه ومفصِّله فهو خالقه ومبتدعه. ثمّ هم الذين جادلوا بالباطل فدعوا إلى قولهم ونسبوا أنفسهم إلى السنّة. وفي كلّ فصل من كتاب الله قَصصٌ من تلاوته مبطلٌ قولهم ومكذّبٌ دعواهم، يردّ عليهم قولهم ونِحلتهم ثمّ أظهروا مع ذلك أنّهم أهل الحقّ والدين والجماعة، وأنّ من سواهم أهل الباطل والكفر والفرقة. فاستطالوا بذلك على الناس،

وغرّوا به الجُهّال حتى مال قومٌ من أهل السمت الكاذب، والتخشّع لغير الله، والتقشّف لغير الدين، إلى موافقتهم عليه ومواطأتهم على سيّئ آرائهم، تزيُّنًا بذلك عندهم، وتصنُّعًا للرياسة والعدالة فيهم، فتركوا الحقّ إلى باطلهم، واتّخذوا دون الله وليجةً إلى ضلالتهم، فقُبلت بتزكيتهم شهادتهم، ونفذت أحكام الكتاب بهم على دغل دينهم، ونغل أديمهم، وفساد نيّاتهم ويقينهم. وكان ذلك غايتهم التي إليها أجروا وإيّاها طلبوا في متابعتهم والكذب على مولاهم، وقد أخذوا عليهم ميثاق الكتاب ألّا يقولوا على الله إلّا الحقّ، ودرسوا ما فيه، أولئك الذين أصمّهم الله وأعمى أبصارهم. أفلا يتدبّرون القرآن أم على قلوبٍ أقفالُها...

فرأى أمير المؤمنين أنّ أولئك شرّ الأمّة ورؤوس الضلالة المنقوصون من التوحيد حظًّا، والمخسوسون من الإيمان نصيبًا، وأوعية الجهالة، وأعلام الكذب، ولسان إبليس الناطق في أوليائه والهائل على أعدائه من أهل دين الله، وأحقّ من يُتَّهم في صدقه، وتُطرح شهادته، ولا يوثَق بقوله ولا عمله، فإنّه لا عمل إلّا بعد يقين، ولا يقين إلّا بعد استكمال حقيقة الإسلام وإخلاص التوحيد. ومن عمي عن رشده وحظّه من الإيمان بالله وبتوحيده كان عمّا سوى ذلك من عمله والقصد في شهادته أعمى وأضلَّ سبيلًا. ولعمر أمير المؤمنين إنّ أحجى الناس بالكذب في قوله، وتخرّص الباطل في شهادته، من كذب على الله ووحيه، ولم يعرف الله حقيقة معرفته، وإن أولاهم بردّ شهادته في حكم الله ودينه من ردّ شهادة الله على كتابه، وبهت حقّ الله بباطله، فاجمع من بحضرتك من القضاة واقرأ عليهم كتاب أمير المؤمنين هذا إليك، فابدأ بامتحانهم فيما يقولون، وتكشيفهم عمّا يعتقدون في خلق الله وإحداثه، وأعلمهم أنّ أمير المؤمنين غير مستعين في عمله، ولا واثق فيما قلّده الله واستحفظه من أمور رعيّته، بمن لا يوثق بدينه وخلوص توحيده ويقينه. فإذا أقرّوا بذلك ووافقوا أمير المؤمنين فيه وكانوا على سبيل الهدى والنجاة فمرهم بنصّ

من يحضرهم من الشهود على الناس ومسألتهم عن علمهم في القرآن، وترك إثبات شهادة من لم يقرّ أنّه مخلوق محدث ولم يره، والامتناع عن توقيعها عنده. واكتب إلى أمير المؤمنين بما يأتيك عن قضاة أهل عملك في مسألتهم والأمر لهم بمثل ذلك. ثمّ أشرف عليهم وتفقّد آثارهم حتى لا تنفذ أحكام الله إلّا بشهادة أهل البصائر في الدين والإخلاص للتوحيد. واكتب إلى أمير المؤمنين بما يكون في ذلك إن شاء الله. وكتب في شهر ربيع الأوّل سنة 218».

لم يخض المأمون المعركة من الخلف أو بشكلٍ غير مباشر، بل وضع نفسه في فوهة البندقيّة وجعل منها كما هو واضح قضيّة الخليفة وحقّه في الاجتهاد وإقامة الدين. وقد خاضها من وجهة نظر نخبويّة واضحة تحتقر العامّة وتضع رجال الدين أمام خيارٍ واضحٍ على مبدأ أنّ من ليس معي فهو ضدّي. أخيرًا، لم يترك الخليفة للناس حقّ النقاش والاختلاف في الرأي والحوار للإقناع بل اختار مسؤول الأمن للإشراف مباشرةً على محاكم تفتيش غير معلنة يرضخ للتحقيق فيها رجل الدين والقاضي والكاتب... الخ. ومهما كانت حجّة الخليفة في خلق القرآن، ومهما كان وضع خصومه، لم يعد الخلاف حقًّا والتفكير وسيلةً للتعبير عنه، صار الخلاف هرطقة والبوليس الوسيلة للتخلص منه.

استدعى مدير الأمن إسحق بن إبراهيم عددًا كبيرًا من الفقهاء ورجال الدين، وكان يقرأ على كلّ واحدٍ منهم كتاب المأمون مرّتين. في المرّة الأولى كان التحقيق يبقى في إطار استجلاء الآراء، وبعدما جاء تشديد من الخليفة بالتحقيق مع تكفير من يقول ويعتقد بقدم القرآن، بدأ الفقهاء يتراجعون الواحد تلو الآخر ولم يبق على قوله سوى الإمام أحمد بن حنبل (مات 855-241 للهجرة) ومحمّد بن نوح. فشُدّا في الحديد وحُملا على سفينة إلى بغداد فمات بن نوح صديق ابن حنبل في 833 م على الطريق ووُضع ابن حنبل في السجن. وقد اعتُقل الفقيه

المالكيّ الحارث بن مسكين وعبد الأعلى بن مسهر الغسّانيّ شيخ دمشق الذي مات في السجن في 833 م.

تابع الخليفة المعتصم (218-227 هـ/833-842 م) وصيّة أبيه وسلوكه، وأصبحت القاعدة في الأوساط الإسلاميّة، على اختلافها، ما يختصره صاحب تاريخ بغداد بالقول: «إذا بايعت أمير المؤمنين في مقالته استوجبت منه المكافأة، وإذا امتنعت لم تأمن مكروهه». وقد أحضر نعيم بن حمّاد من مصر فلمّا رفض موضوعة خلق القرآن سُجن في سامرّاء حتّى مات في 228 للهجرة.

وهناك روايات متضاربة عن التعذيب الذي تعرّض له الإمام أحمد بن حنبل، فأعداء المعتزلة من الحنابلة يحوّلونه إلى شهيد، بينما ينكر الجاحظ من المعتزلة كلّ ذلك قائلًا إنّهم ناظروه بالكلام الحسن. من المؤكّد أنّ سجنه لم يكن مجرّد استراحة فكريّة، وأنّه تعرّض لمعاملة لاإنسانيّة أثناء اعتقاله. ويتناول المؤرّخون مناظرات عديدة بينه وبين ابن أبي دؤاد.

بعد وفاة المعتصم، استمرّ الواثق (227-232 هـ/842-847 م) في سياسة قمع المخالفين لموضوعة المعتزلة في خلق القرآن، فمات في عهده أكثر من رجل دين في السجن. بلغ الأمر بالواثق ألّا يفدي أو يبادل الأسير المسلم إن لم يعترف بخلق القرآن. وأدّت عنجهيّته وشدّته إلى ضجر العامّة والخاصّة وتذمّرهم منه، حتى سُمّي الكافر وأعدّت أكثر من مؤامرة انقلاب عليه، لم تنجح أيٌّ منها. إلّا أنّ الناس عمومًا صاروا يتعاطفون مع الضحايا ولو لم يقاسموهم الرأي. وكان تسلّم المتوكّل (232-247 هـ/847-861 م) إيذانًا ليس فقط بوضع حدّ للمحنة المعتزليّة، ولكنّه مهّد لردّ فعل متزمّت من الجانب الآخر يطالب بتصفية آثار المعتزلة وحقبتهم وقضاتهم. هكذا، بدأ عصره بالنهي عن الجدل في القرآن وغيره، ثمّ أطلق سراح من اعتُقل بسبب هذا الجدل، وبعد

عامين وزّع الهدايا والأرزاق على رجال الدين الذين تضرّروا في عهد الخلفاء المعتزلة الثلاثة. في 237 هـ (852 م) أعلن غضبه وسخطه على المعتزلة وبدأ التنكيل بهم في مناصب القضاء والأملاك، وكانت عودة الحركة السلفيّة قويّة. تحوّل المتوكّل إلى رمز طغيان جديد ضدّ الفرق الإسلاميّة غير السنّية وأهل الكتاب من المسيحيّين واليهود حيث فرض على أهل الذمّة قيودًا مُذلّة، وأسيء للشيعة بمختلف اتّجاهاتهم وكفّر المعتزلةَ عددٌ كبيرٌ من رجال الدين. أمّا المتوكّل، فقد أغلق باب فتنة الفكر والتأمّل وفتح بابًا واسعًا ورحبًا للظلاميّة، ما دفع المترمّتين إلى مديحه بالقول: «الخلفاء ثلاثة؛ أبو بكر يوم الردّة، وعمر بن عبد العزيز في ردّ المظالم، والمتوكّل في إحياء السنّة».

مزدك (تُوفي 524 أو 528 م)
Mazdak

رغم كونه عاش في القرن السادس الميلاديّ، فإنّ معلومات قليلة وصلتنا عن هذا الكاهن الزرادشتيّ الذي أعلن عن ولادة دين جديد يعيد الإيمان إلى النقاء الأوّل ويطرح المساواة المطلقة بين البشر كأساسٍ لديانته. دعا مزدك إلى إلغاء الطبقات الاجتماعيّة والزواج، واعتبر المال مشاعًا عامًّا، واتّهمه خصومه بجعل النساء مشاعًا عامًّا لإلغائه الزواج.

وفق مخطوط لابن العماد، يُنسب إلى مزدك قوله «ينبغي أن تكون أمور العالم على السواء، وألّا يقع تفاوت في نعم الله بين الأغنياء والفقراء، ويكون الغنيّ كالسدى والفقير كاللحمة ولم يزل أمره يقوى إلى أن آمن به قباذ ودخل دينه وشاع هذا المذهب في أطراف العالم وصار بحيث لا يتجاسر أحد على مخالفة مزدك» (المكتبة الوطنيّة – باريس 2138) ويُنسب لمزدك أيضًا قوله:

«إنّ ما يمنع الناس عن سلوك طريق السداد منحصرٌ في خمسة أشياء لا غير وهي الغيرة والحقد والغضب والحرص والفقر، وإذا قُمعت هذه الأخلاق الشيطانيّة استقام طريق الحقّ ومنشأها كلّها منشآن: المال والنساء، فينبغي أن يُجعلا على الإباحة بين الخلق أجمعين».

ويقول ابن النديم إنّ مزدك قد أمر «بتناول اللذّات والانعكاف على بلوغ الشهوات والأكل والشرب والمواساة والاختلاط وترك الاستبداد بعضهم على بعض» ويضيف في وصف أتباعه «يرون إفعال الخير وترك القتل وإدخال الآلام على النفوس، ولهم مذهبٌ في الضيافة ليس لأحدٍ من الأمم، إذا أضافوا إنسانًا لم يمنعوه من شيء يلتمسه كائنًا ما كان». ويؤكّد الشهرستاني إباحتهم الأموال وجعل الناس شركة فيها كاشتراكهم في الماء والكلأ والنار.

عاشت الإمبراطوريّة حقبة اضطرابات كبيرة في عهد قباذ الأوّل (488-496 و498-531). وبعدما قبل قباذ بالمزدكيّة لفترةٍ من الزمن، انقضّ على مزدك وأتباعه في آخر عهده (قرابة 529 م) لينظّم واحدة من أكبر مجازر عصره باعتقاله وإعدامه الآلاف من أتباعه قرب ستيسيفون أو طيسفون (Ctesiphon). ونجد في المراجع العربيّة عادة تأخيرًا لعدّة سنوات لفترة وقوع المجزرة باعتبار أنّ كسرى الأوّل ابن قباذ هو الذي ارتكبها، فيقول المخطوط الذي أشرنا له آنفًا: «قبض كسرى عليهم أجمعين (ثلاثة آلاف نفس من رؤساء المزدكيّة) وكان له ميدانٌ واسعٌ بقرب إيوانه، فحفروا فيه لكلّ واحد منهم حفيرة فنكسوا في ذلك الحفاير وطُمرت رؤوسهم إلى خصورهم وتركت أرجلهم منتصبة بادية للأبصار، كأنّهم غُرسوا غرس الأشجار... أمّا مزدك، فصُلب ورُشق بالسهام حتّى مات».

عبد الغفّار خان – باشا خان (1890-1988)
Badshah Khan

ترعرع عبد الغفّار خان في قبيلة ارتبط فيها مفهوم العار بالثأر والكرامة بالقوّة، وتمكّن من زرع فكرة خلّاقة في وسَطٍ تحكمه العلاقات العضويّة، هي ضرورة ولادة جنود الدفاع عن اللاعنف في هذه البيئة المجتمعيّة القاسية. تأثّر عبر صداقته ونضاله المشترك مع المهاتما غاندي بفكرة النضال المدنيّ السلميّ من أجل الاستقلال عن المستعمر البريطانيّ، الأمر الذي أفضى في الحقيقة إلى قهر الجيش البريطانيّ تمامًا عندما كانت بريطانيا تحكم عموم شبه القارّة الهنديّة آنذاك.

وَحّدتْ تطلّعات باشا خان فصائل شعبه البشتون (Pashtun) الموزّعين بين جنوب أفغانستان وشمال غرب باكستان، خلال سنوات الكفاح من أجل الاستقلال وبعدها من أجل السلام بين الهندوس والمسلمين؛ واشتهر بقوله:

«لديّ حلمٌ عظيم، واشتياقٌ عظيم. مثل الزهور في الصحراء، يولد ويزهر أبناء شعبي لفترةٍ دون رعاية أحد، فيذبلون ويعودون إلى التراب الذي جاؤوا منه. أريد رؤيتهم يقاسمون أفراحهم وأحزانهم. أريد رؤيتهم يعملون معًا كشركاء متساوي الحصص. أريد رؤيتهم يلعبون دورهم في البلد ويتّخذون مكانتهم الصحيحة بين أمم العالم، في سبيل خدمة الله والإنسانيّة».

وُلِد عبد الغفّار خان حوالي عام 1890 في مدينة مسلمة صغيرة قرب مدينة بيشاور Peshawar – حاليًّا باكستان، وكانت آنذاك ما تزال جزءًا من الهند، لعائلةٍ غنيّة منحدرة من أسر الخانات (أي شيوخ العشائر)، وكان أباه مصمّمًا على منح أبنائه تعليمًا جيّدًا. فقد قام والد عبد الغفار بأمر لم يتوقّعه سكّان قريتهم الصغيرة، عندما أرسل ابنه ذا

الثماني سنوات إلى مدينة بيشاور للالتحاق بمدرسة مسيحيّة يديرها البريطانيّون. وعندما ناهز الـ16 عامًا صار شابًّا طويل القامة، بشكل ملحوظ، وقويًّا وحازمًا ومناضلًا بالفطرة.

رفض عبد الغفّار الذهاب للدراسة في بريطانيا، وكرّس عمله لشعبه. فقد أدرك أنّ الأمّية تجرّ الناس إلى الوراء. وفي عام 1910 أسّس أوّل مدرسة إسلاميّة له في أوتمانزاي (Utmanzai) لتعليم شباب البشتون على التقنيّات الحديثة للزراعة والنظافة.

في السنوات التي تلت، اكتشف عبد الغفّار غاندي، وأدرك أنّ أسلوب الأخير في البساطة واللاعنف هو ما كان يحتاج إليه شعبه بالضبط. لقد أحبّه شعبه، بيد أنّهم لم يقدروا أن يتعرّفوا عن كثب إلى هذا الرجل الطيّب والرقيق والمتواضع. وأثناء اجتماع في مسجد القرية في أحد الأيّام، انفجر الناس بالهتاف بصرخات مدويّة مردّدين «باشا خان! باشا خان!». عمل جنبًا إلى جنب مع غاندي، وأُطلِق عليه اسم «غاندي المناطق الحدوديّة».

في 1926 أصدر باشا خان صحيفة في لغة البشتون، كانت تنشر ما كان يجري في البلد. وعام 1930، أسّس جيشًا لاعنفيًّا سمّاه «خُداى خدمتگار» (خدّام الله)، وهو أوّل جيش لاعنفي من نوعه في العالم. وكان جيشه يرتدي زيًّا أحمر. وجاهد هؤلاء المحاربون ضدّ العنف المتأصّل في نفوسهم والمولود فيهم بوراثة المجتمع. وبكلّ شجاعة كانوا يواجهون الجيش البريطانيّ وهم عُزّل من السلاح. ويلخّص لنا الكاتب البشتونيّ محمّد يونس الثمن الباهظ الذي دفعه جيش «خُداى خدمتگار» ليبقوا مخلصين لموقفهم اللاعنفيّ والداعي إلى السلام؛ فيقول:

«في أوّل سنتين، حلّت فترة صاعقة من الظلمة على المقاطعة. فكان إطلاق الرصاص والضرب وغيرهما من أعمال المضايقات تُرتكب بحق هؤلاء الناس، ممّن لم يعتادوا عليه سابقًا مطلقًا دون الأخذ بالثأر. فصار

«رمي الرداء الأحمر» رياضة شعبيّة وتسلية للقوّات البريطانيّة في تلك المقاطعة. غير أنَّ البشتون، بالرغم من عدم نكرانهم لحقيقة تنشئتهم في بيئة من العنف وسفك الدماء، وقفوا ثابتين أمام مضايقات كهذه، وماتوا بسلام، وبأعدادٍ كبيرة، لبلوغ هدفهم».

عارض باشا خان بشدّة تقسيم الهند وباكستان. وقد أمضى أكثر من ثلاثين عامًا في السجون، أوّلها في ظلّ حكم البريطانيّين، والقسم الثاني منها، في ظلّ الحكومة الجديدة في باكستان، لرفضه قبول تقسيم شبه الجزيرة الهنديّة.

جين شارب (1928-2018)

Gene Sharp

عالم سياسيّ أميركيّ معروف بكتاباته العديدة عن النضال اللاعنفيّ. يُطلق عليه أحيانًا لقب «ميكافيللي اللاعنف».

أثّرت كتابات جين شارب في العديد من حركات الاحتجاج حول العالم وخاصّة في دول أوروبا الشرقيّة. ولعلّ في كتابه «من الدكتاتوريّة إلى الديمقراطيّة» (1993، مترجم إلى 34 لغة) ما ألهم حملات كبيرة للمقاومة غير العنفيّة، مثل حركات «أوتبور» في صربيا، «كمارا» في جورجيا، «بورا» في أوكرانيا، «كيلكل» في قرغيزستان، و«الزبر» في بيلاروسيا. استخدمت كتاباته حول المقاومة اللاعنفيّة حكوماتُ ليتوانيا ولاتفيا وإستونيا في وقت انفصالها عن الاتّحاد السوفياتي عام 1991.

اكتسب جين شارب شهرته النضاليّة في السبعينيّات عند صدور كتابه «سياسة العمل اللاعنفيّ» (1973)، الذي يقدّم فيه تحليلًا سياسيًا براغماتيًّا للعمل اللاعنفيّ كأسلوبٍ لاستخدام القوّة في الصراع، حيث نرى بصمات حنّه أرندت وإتيان دو لا بوتيه واضحة، في أنّ السلطة

لا تأتي من أيّ صفة متأصّلة في قادة البلد، وقيام سلطة الحكومة أوّلًا وأخيرًا على طاعة رعاياها. فإذا رفض هؤلاء الانصياع، فإنّ السلطة لم تعد موجودة. يُحدّد شارب مصادر القوّة ويُحلّلها: السلطة والعضويّة والمهارات والوسائل الماديّة والعقوبات والعوامل غير الملموسة. إنّها أعمدة القوّة حتى إنّها عندما تختفي، تضعف القوّة وربّما تنهار. وهذه الركائز إنّما تكمن في أيدي المواطنين، وإذا ما قرّروا ونظّموا أنفسهم، فبالإمكان زعزعتها. تمتلك هياكل السلطة هذه أنظمة محدّدة لتشجيع أو الحصول على الطاعة من رعاياها، على سبيل المثال الشرطة والمحاكم والعقوبات (السجن والغرامات والنبذ) والمكافآت (الألقاب والصحّة والتكريم).

يوضح جين شارب، بناءً على دراسة تفصيليّة للتجارب الماضية، كيف نجحت الشعوب في الانتصار على القوى العظمى، مشيرًا إلى أهميّة اختيار أهداف واستراتيجيّة التحكّم، ما هو ضروريّ للغاية ومن الواجب دراسته وتصميمه بعد تحليلٍ متعمّق لأيّ وضع عيانيّ. كذلك يتعرّض للأخطاء التي ارتُكبت وكذلك أسباب النجاحات في الصراع.

خلقت انطلاقة جين شارب النضاليّة العمليّة حالة اضطراب في أوساط الفكر النقديّ التقدّميّ، باعتباره اعتمد على تعزيز «عقيدة» الرئيس الأميركي رونالد ريغان القائمة على مواجهة النظم السياسيّة «الاشتراكيّة التسلّطيّة» بتعزيز الديمقراطيّة، في انتقال أميركيّ جذريّ من بقايا عقيدة وزير الخارجيّة الأميركيّ الأسبق جان فوستر دالاس، القائمة على مواجهة الشيوعيّة بالحركات التبشيريّة (في كتابه «حرب أم سلام» – 1950). وعندما أطلق في 1983 «مؤسّسة ألبرت آينشتاين» لتعليم وتشجيع المقاومة اللاعنفيّة في مناطق الصراع، كان تمويل المؤسّسة من قبل الحكومة الأميركيّة (من خلال «الصندوق الوطني للديمقراطيّة» (NED) و«المعهد الجمهوريّ الدوليّ» (IRI))، الأمر الذي

اعتبره أكثر من مفكّر غربيّ وعدد كبير من منظّمات السلام عمليّة احتواء الإدارة الأميركيّة لأحد أهمّ منظّري اللاعنف الأميركيّين. اشتدّ هذا النقاش في العقد الثاني من القرن الحالي، ولم يكن اختيار شارب للجنرال روبرت هيلفي، العقيد السابق في الجيش الأميركيّ والمتخصّص في العمل السرّي والمسؤول السابق عن تدريب الملحقين العسكريّين في السفارات الأميركيّة، للعمل في «مؤسّسة ألبرت آينشتاين»، ليبعد هذه الصورة، خاصّة أنّ الأخير، من بين أمور أخرى، كان مسؤولًا عن تدريب المنشقّين الصرب الشباب عن حركة «أوتبور» («المقاومة» باللغة الصربيّة). إلّا أنّ أكثر الانتقادات وُجّهت له من خلال مواقفه، ونشاط «مؤسّسة آينشتاين» في جورجيا وأوكرانيا، حيث خلق هذا الوضع انقسامًا حادًّا في صفوف المنظّمات المناهضة للعنف في أوروبا خاصّة. ووصلت الأمور إلى اتّهام المؤسّسة بعلاقةٍ مباشرة مع فكتوريا نولاند سفيرة الولايات المتّحدة في الناتو ونائبة وزير الخارجيّة الأميركيّة الحاليّ لشؤون أوكرانيا، الأمر الذي أنكره جين شارب نفسه في عدّة مناسبات (تُوفّي شارب في 2018 عندما كانت نولاند مبعدةً عن الخارجيّة والناتو في فترة الرئيس ترامب). وطالما أكّد شارب وفريقه أنّهم باحثون وليسوا نشطاء، أي إنّهم يعطون الأفكار والتوصيات ولا يتدخّلون في مجال النضال.

أدّت هذه الانتقادات إلى طرح مشكلات أساسيّة تعاني منها المنظّمات غير الحكوميّة، في مقدّمتها سياسات التأثير وإخضاع هذه المنظّمات لسياسات الدول. وقد أثارت نقاشات مهمّة شارك فيها ستيفن زونس وكارولين فورست وحسّان عبّاس... فالعديد من نخب البلدان التي تناضل من أجل الحريّة، تطلب الإعانات من المنظّمات الحكوميّة وبين الحكوميّة الأميركيّة أو الأوروبيّة الكبيرة، وكثير من المنظّمات

غير الحكوميّة (التي تخترقها وتستغلّها أحيانًا الخدمات الخاصّة للدول) كانت تحصل على مساعدات كبيرة للترويج لأفكار شارب.

ولعلّ المعركة الثانية الصعبة التي خاضها كانت مع القضيّتين الليبيّة والسوريّة. ففي أوساطه وصداقاته نفسها، هناك من انتقده لموقفه المناهض للعنف وللتدخّل الخارجيّ في ليبيا. وما زاد الأمر غموضًا هو الموقف الخاصّ ويسلي غرانبرغ-مايكلسون، الأمين العامّ للكنيسة الإصلاحيّة في أميركا، حين كتب مؤيّدًا قرار الرئيس أوباما التدخّل العسكريّ في ليبيا: «ما زلت أعتقد أنّ الأمل في مستقبل المجتمعات العربيّة موجود في الحركات الملهمة للتغيير اللاعنفيّ، التي لا تغيّر الأنظمة فحسب، بل تغيّر الثقافة السياسيّة. وما زلت أتراجع عن الصور الشبيهة بألعاب الفيديو لدبّابات وناقلات جند مسلّحة تُمحى بواسطة قنابل ذكيّة عن بعد. علاوة على ذلك، أعلم مدى سهولة التحوّل إلى العنف، حتى لأفضل الأسباب، يمكن أن يؤدّي إلى دورة هبوطيّة مبرّرة ذاتيًّا من العواقب غير المقصودة. ومع ذلك، في هذه الحالة، عندما تبدو الخيارات المتاحة مقتصرة على مشاهدة مذابح بشريّة معيّنة أو تقييد النيّات الشرّيرة باستخدام القوّة العسكريّة المدعومة دوليًّا، فأنا أتفهّم وأؤيد الخيار الذي اتّخذه الرئيس أوباما»[22].

لم يؤيّد شارب هذا الموقف، وقال بوضوح: «إن كانت مصر هي الحلم، كما يقول حسين إيبيش، فإنّ ليبيا هي الكابوس، لقد ارتُكب خطأ فادحٌ في ليبيا، خصوصًا عندما انشقّ جنرال مهمّ جدًّا، وتبعته قوّاته، عن نظام القذّافي وقرّر الانضمام إلى المعارضة. في تلك اللحظة، اعتقد الكثيرون أنّ لديهم الفرصة لمقاومة لجوء القذّافي إلى العنف. كانت تلك بداية نهاية الحركة اللاعنفيّة. لو كانت لدى هذه الحركة فكرةٌ

---

[22] https://sojo.net/articles/why-i-support-president-obamas-decision-libya.

واضحةٌ عن مكامن قوّة نظام القذّافي وضعفه، لأدركوا أنّ القذافي كان قويًّا بالوسائل العسكريّة وأنّ المقاومة ضعيفة بهذه الوسائل. لذلك، كان من الحماقة أن نتحدّى النظام حيث كان قويًّا. هذا التحدّي زاد الطين بلّة وعزّز التدخّل الخارجيّ العسكريّ الذي، لولا ذلك، ما كان ليحدث»[23].

كان متفائلًا جدًّا بالطابع السلميّ للشبيبة السوريّة في آذار/مارس 2011 ومعجبًا بالمراهقين السوريّين الذين يقدّمون الزهور للعسكريّ وراء دبّابته. وعند ولادة فصائل مسلّحة أعرب عن مخاوفه من الخراب، ورغم محاولة عدد من السوريّين، الذين سبق أن ترجموا أكثر من عمل له، إقناعه بأنّ مهمّة «الجيش الحرّ» حماية التظاهرات السلميّة، كتب لنا أنّ هذا الفخّ يُسقط السوريّين في العنف والتدخّل الخارجيّ.

مار أفرام السوريّ (306-373)

Ephrem the Syrian / Éphrem le Syriaque

إنّ تحقيق رسالة السلام التي حملها المسيح يكون عبر الأدب والموسيقى والمعرفة والتضامن والمحبّة. بهذه الخماسيّة يمكن تكثيف حياة الملفان (المعلّم) أفرام السوريّ، قيثارة الروح القدس كما سمّاه قدماء الحكمة.

وُلد أفرام عام 306 م في مدينة نصيبين لأسرة مسيحيّة، وتتلمذ على يد خاله مار يعقوب النصيبيّ أسقف نصيبين. انخرط في السلك الرهبانيّ لكنّه اختار البقاء في رتبة الشمامسة حتّى وفاته. أسّس مدرسة لاهوتيّة ذائعة الصيت في نصيبين، غير أنّه أُجبر على النزوح من مدينته بعد سقوطها بيد الساسانيّين عام 363 م، لينتقل إلى مدينة الرها التي كانت آنذاك خاضعة للحكم الرومانيّ وتنيح هناك عام 373 م.

---

23 https://criticallegalthinking.com/2011/06/03/mass-political-defiance-a-conversation-with-gene-sharp-2/

برع القدّيس أفرام السريانيّ في تفسير الكتاب المقدّس وعقائد الإيمان القويم الرافض للكراهية والحقد والعنف، واتّبع في ذلك الطريقة الشعريّة حيث أبدع أجمل ما كتب في شرح وإيضاح المعاني الروحيّة لكلمة الله. إضافة إلى ذلك، اهتمّ بالكرازة وعاش حياة المتصوّفين. جميع مؤلّفاته كتبها باللغة السريانيّة، لغة الثقافة في عصره، وقد تُرجمت إلى مختلف لغات العالم، وتُعدّ من روائع الأدب المسيحيّ السريانيّ، فهي تمتاز بالرقّة وبجمال التفكير والتعبير وما زالت تُتلى حتّى اليوم كجزء من ليتورجيّات الكنائس السريانيّة المختلفة، ويُعزى إليه تطوير الموسيقى الكنسيّة السريانيّة.

ببساطته وسلاسة شعره وما رتّلته العذارى ممّا كتب ونظم، زعزع مار أفرام السوريّ أزليّة «الخطيئة الأصليّة» (خطيئة آدم عندما أكل من الشجرة التي نهاه الله عن الاقتراب منها) وأدخلها في حيّز الزمان ومنطق العهد القديم والعهد الجديد الذي أطلقته بشرى المسيح:

«الأرض البكر حملت آدم الأوّل الذي كان رأسًا على كلّ الأرض، واليوم حملت العذراء آدم الثاني الذي هو رأس كلّ السموات، عصا هارون أفرخت والعود اليابس أثمر. لقد انكشف اليوم سرّ هذا الابن البتول حملت طفلًا».

«حـوّاء الأولـى والـدة البشريّة، ولـدها آدم الرجل الـذي لا يلد، ومريم العذراء ولدت ابنها دون رجل... حوّاء تعرّت بعد الخطيئة من المجد، ومريم ما عرفت الخطيئة وبطهارتها لبست وألبست البشريّة ثوب المجد».

«كان لآدم دين على المرأة لأنّها منه خرجت، اليوم وفته دينه لأنّها وَلَدَت له المخلّص

عار حوّاء لحق الكلّ، ومجد مريم كفى الكلّ».

من الصعب الجزم بأنّ أطروحات مار أفرام السوريّ وحدها كانت وراء تفكيك عقيدة «الخطيئة الأصليّة»، فقد تقاسم هذه الأفكار معه رجال دين موارنة وأقباط وأرمن، منذ نهاية القرن الرابع الميلادي، وتقدّموا في شروح أناشيده وأقواله. لكن ما من شكّ في أثرها البالغ في إبعاد الأطروحات الظالمة بحقّ المرأة في أسفار العهد القديم، «الذي أفسد الحديث في المرأة»، باستعارة تعبير المطران جورج خضر، من جهة، وفي نجاة الشرق من استثمارات الكنيسة الغربيّة في «موضوع الخطيئة الأصليّة» التي عايشت محاكم التفتيش وصكوك الغفران، وظهور الحركة الإصلاحيّة. لذا لا يستغرب أن يصبح ربط الخلاص بالإيمان، لا بالبابا أو بصكوك الغفران التي يمنحها، حجر الزاوية في نجاح مارتن لوثر والإصلاح.

قال البطريرك مار إغناطيوس يوسف الثالث يونان بطريرك السريان الكاثوليك الأنطاكيّ في حديثه عن مار أفرام: «لقد دخل مار أفرام التاريخ في بُعديه الروحيّ والمدنيّ، لإعطائه المرأة كرامتها الإنسانيّة في الكنيسة والمجتمع. فهو أوّل من أنشأ الجوقة الكنسيّة من بين العذارى، اللواتي رحنَ ينشدنَ الصلوات بألحانٍ شعبيّةٍ تتميّز بالسهولة والعذوبة. وهي تلك الأناشيد التي لا نزال نردّدها بإعجابٍ إلى يومنا هذا. وقد اشتهر بأشعاره وترانيمه التي هدفت إلى شرح السرّ الخفيّ منذ الدهور، سرّ كلمة الله المتأنّس من مريمَ العذراء بقوّة الروح القدس، الذي بعظمة محبّته أضحى فاديًا لجميع البشر، ومصالحًا البشريّة مع خالقها». أليس الملفان أفرام من كرّر وتكرّر عنه: «الرجل ليس من دون المرأة ولا المرأة من دون الرجل في الربّ».

رفض مار أفرام أيّ منصبٍ كنسيّ غير صفة الشمّاس، وكانت هذه الصفة مشتركة، تنالها النساء كما الرجال، في المسيحيّة الأولى.

عندما حلّت المجاعة في الرها شتاء 372-373 م ومات عدد غير يسير من أهلها، أخذ مار أفرام مع مجموعة من النساء والرجال، يطوف دور القادرين والأغنياء، يحثّهم على أعمال الرحمة ويجمع منهم الصدقات ويوزّعها على الفقراء. وقد أسّس دورًا جمع فيها أكثر من ثلاثمئة سرير، وقيل ألف وثلاثمئة سرير، صارت ملجأً للعجزة والمرضى. وكان يشرف بنفسه على الاعتناء بهم، وعلى أثر الجوع انتشر وباء الطاعون، فانبرى مار أفرام في تطبيب المرضى ومواساتهم حتى أصيب بدوره بداء الطاعون وغادر الحياة في 9 حزيران/يونيو عام 373 م.

كارل فون كلاوزفيتز (1780-1831)
Carl von Clausewitz

أنجبت بروسيا الألمانيّة إيمانويل كانط (1724-1804)، ولكن أيضًا كارل فون كلاوزفيتز (1780-1831)، وفيما جرت أسطرة كلاوزفيتز كمنظّرٍ للحرب، جرى تغييب الفيلسوف إيمانويل كانط وأطروحاته في المدنيّة والسلام العالميّ عقودًا طويلة.

كانت الحقبة، حقبة الحروب الأوروبيّة والتوسّع الاستعماريّ، لذا كان «الإحساس بالحرب» سائدًا. ولم يكن يُستغرب في كتابات صقور «الحرب» وقتئذٍ، الحديث عن «الثورة العسكريّة»، و«المنظومة البروسيّة»، «الانتصارات النابليونيّة» بل وحتّى «الدستور العسكريّ». كان التوسّع الاستعماريّ والحروب الأوروبيّة بحاجةٍ إلى «مفكّرين» ومعلّمين لأكاديميّات الحرب، ولمصانع تبتكر ما أمكن من السلاح لنجاح التوسّع والهيمنة!

لذا، ورغم نشأةٍ تذكّرنا بـ«أشبال الخلافة» (التحق بالجيش في سنّ الثانية عشرة)، قلّما نجد نقدًا في المؤسّسة الثقافيّة السائدة، لمن أصبح

في عموم أوروبا ثمّ ما وراء حدودها، المنظّر الأكبر للحرب، باعتبارها في التاريخ والحاضر والمستقبل، جزءًا لا يتجزّأ من حياة البشر.

رغم أنّ جملة «الحرب هي استمرار للسياسة بوسائل أخرى» تُنسب إليه في العادة، إلّا أنّها تعود إلى مؤلّف كتاب «فنّ الحرب» الصينيّ صن زو (Sun Tzu – 500 عام قبل الميلاد) ونجدها في معظم المؤلّفات العسكريّة بالألمانيّة والفرنسيّة في الفترة التي عاش فيها، مثل كتاب فرانسوا دالون فيل وغيره. لم ينشر كلاوزفيتز سوى مقالات صغيرة قبل وفاته، وقد جمعت زوجته، التي أدّت دورًا كبيرًا في ثقافته الفلسفيّة والتاريخيّة، مخطوطاته ونشرتها بعد وفاته.

ما قدمّه كلاوزفيتز فعلًا، يتركّز على ضرورة «الاستعداد والإتقان» لخوض الحرب، الأمر الذي يتطلّب، من وجهة نظره، العمل العقلانيّ والجادّ على «الثالوث» الخلّاق للنصر، بعناصره الثلاثة المتميّزة: «غريزة طبيعيّة عمياء»، و«نشاط الروح الحرّ» و«فعل العقل». إنّ أحد أهمّ مظاهر «الغريزة الطبيعيّة العمياء»، مشاعر الكراهيّة، والعواطف التي تسرّع في إشعالها. وجملة هذه الخصائص ترتبط بالمجتمع المستهدف.

أمّا «نشاط الروح الحرّ»، فيخضع لـ«لعبة الاحتمالات والمصادفة»، لأنّ «الحروب مختلفةٌ بعضها عن بعض مثل الدوافع التي تؤدّي إلى شنّها والعلاقات التي تسبقها»، وهنا تبرز الفضائل الحربيّة للجيش وموهبة الجنرال.

أمّا ثالث الثالوث، فهو أنّ الحرب فعلٌ سياسيّ ومن الضروريّ للحكومة تحديد الغرض منها.

غريزة، روح، عقل: الشعب والجيش والحكومة: العواطف والفضائل والذكاء: هذا هو الثالوث المذهل الذي تنطلق منه الحرب لدى كلاوزفيتز الذي يكرّر تعريفه لها بالقول: «الحرب عمل من أعمال القوّة نسعى بواسطته إلى إجبار الخصم على الخضوع لإرادتنا». لذا من

الطبيعيّ الوصول إلى استنتاج ينسجم مع هذا الغرض، بعد 28 صفحة من مؤَلّفه (الحديث عن الطبعة الفرنسيّة): «إن كانت حروب الشعوب المتحضّرة أقلّ قسوةً وتدميرًا من حروب الشعوب الفاسدة، فإنّ هذا يرجع إلى الحالة الاجتماعيّة للشعوب المتحضّرة وعلاقاتها الدوليّة، لأنّ الحرب تخضع لتأثير حالة الشعوب التي تجعلها أكثر اعتدالًا واتّزانًا، لكنّ هذه العناصر تظلّ غريبةً عنها، وهي حقيقة خارجيّة بسيطة، لذا سيكون من العبث دائمًا إدخال مبدأ الاعتدال. بالتالي، فإنّنا مضطرّون إلى اعتبار الحرب ليس كما ينبغي أن تكون وفقًا لمفهومها، ولكن كما هي في الواقع، أي مع كلّ العناصر الخارجيّة التي يتمّ إدخالها، أو تؤثّر فيها. وسيكون من العبث دائمًا إدخال مبدأ الاعتدال في الحرب».

وعلى طريقة ميكيافيلّي في «الأمير»، عندما يتحدّث عن الخيارات أمام القائد في حالة احتلال بلد آخر، يطرح كلاوزفيتز مبدأ «مركز الثقل» في كلّ وضعٍ قتاليّ، ويعطي عدّة أمثلة على ذلك:

– الاعتماد على الجيش، كما كانت الحال مع الإسكندر أو فريدريك الثاني؛

– احتلال عاصمة الولاية في الجبهة المقابلة، إن كانت تحت وطأة اضطرابات داخليّة؛

– استنفار جيش الإغاثة، في حالة ضعف المحاربين وقوّة الحلفاء الداعمين لهم.

– الاعتماد على «تقاطع المصالح» في الائتلاف والتحالفات.

– تسليح الأمّة بشخصيّة القادة والرأي العامّ.

يمكن القول إنّ مؤلّفات كلاوزفيتز كانت ملهمة لكلّ أنصار العنف، من أدولف هتلر في كتابه «كفاحي»، إلى عددٍ غير قليل من الدكتاتوريّات وجنرالات الحرب شرقًا وغربًا، وحتّى حقبتنا المعاصرة حيث نجد منظّرين لأطروحاته من واشنطن إلى موسكو.

قبل إعـلان «الحرب على الإرهـاب»، وفي خريف عـام 1999، نشرت مجلّة Foreign Affairs مقالةً بعنوان: «امنحوا الحرب فرصةً» (Give War a Chance) للكاتب الأميركيّ الإسرائيليّ إدوارد لوتواك (Edward Luttwak)، دعا فيه القوى الدوليّة النافذة، خصوصًا أميركا، إلى الكفّ عن السعي إلى وقف الحروب في العالم الثالث! مطالبًا بإعطاء الحروب فرصةً لتعزيز الهيمنة الأميركيّة في البلدان ذات الأهمّية الاقتصاديّة والاستراتيجيّة للولايات المتّحدة. تحت ذريعة «دور الحروب في الوصول إلى سلام مستدام»، يتحدّث لوتواك في مقالته كيف كان تدخّل الأمم المتّحدة وغيرها من أجل وقف النزاعات المسلّحة السبب الرئيسيّ في إزمان هذه الحروب وديمومتها، معتبرًا بكلّ وقاحة وجرأة، أنّ المساعدات الإنسانيّة بعد الحروب كانت كارثيّةً وأبلغ مثال على ذلك «الأونروا» التي أصبحت مخيّماتها بؤرة للتنظيمات المسلّحة التي تحول دون اندماج الفلسطينيّين في دول الجوار عبر المحافظة على مخيّماتهم مع فكرة العودة (طبعًا شهدنا ترجمة هذه الفكرة في موقف الرئيس ترامب من الأونروا وسعي الإدارة الأميركيّة لقتلها عبر الحصار الماليّ). إلّا أنّ الفكرة الأخطر في أطروحات لوتواك، التي تبنّاها ديك تشيني بعد أحداث 11 سبتمبر 2001، لا تكمن فقط في تمجيد الحرب باعتبارها أفضل السبل لوضع حدٍّ للنزاعات، بل وأيضًا تبسيط مفهومها لصالح اعتبار قوّات حفظ السلام والتدخّل الإنسانيّ الأمميّ لوقف جرائم الحرب هو بعينه زعزعة للاستقرار. وفي هذا يقول:

«رغم أنّ الحرب شرٌّ مستطير، فإنّ فيها فضيلةً عظيمة، وهي أنّها يمكن أن تحلّ الصراعات السياسيّة، وتقود إلى السلام. ويمكن أن يحدث هذا حين يصبح المتحاربون مُنهَكين، أو حين ينتصر أحدهم نصرًا ساحقًا. وفي الحالتين يجب أن يستمرّ القتال حتّى التوصّل إلى حلّ. فالحرب تجلب السلام فقط حين يتجاوز العنف المتراكم ذروته».

ومن هنا الخطأ المبدئيّ لمنظّمة الأمم المتّحدة التي لا تسمح للحروب «باستكمال مسارها الطبيعيّ»، ففي حالة رواندا، حسب قوله، يرى أنّ التدخّل الإنسانيّ لوقف جرائم التوتسي أضرّ «باستدامة الحلّ في البلاد»! مشيرًا بشكل شبه صريح إلى دور تشتيت وشرذمة الهوتو في جعل رواندا متماسكة.

من المعروف أنّ لوتواك هو مؤلّف كتاب «الانقلاب العسكريّ: دليل عمليّ» الذي تحوّل دليلًا إرشاديًا لـ«وكالة المخابرات المركزيّة الأميركيّة» (CIA) في انقلاباتها العسكريّة في دول العالم الثالث. كما ألّف كتاب «الجيش الإسرائيليّ» (1983) بالاشتراك مع دانييل هورويتس الذي وُلد في رومانيا وتربّى بين إيطاليا وبريطانيا، وخدم في الجيش الإسرائيليّ، ثمّ انتقل إلى أميركا فتحوّل مستشارًا في عدد من المؤسّسات الأميركيّة الحسّاسة، منها مكتب وزير الدفاع، ومجلس الأمن القوميّ، ووزارة الخارجيّة، وقيادة الجيش.

في 24 آب/أغسطس 2013، كتب لوتواك مقالةً في صحيفة «نيويورك تايمز» عن الثورة السوريّة تجاوز فيها حتّى نظريّته في «منْح الحرب فرصة»، حيث لم يكتفِ هذه المرّة بالدعوة إلى إبقاء الحرب مستعِرة، بل دعا دعوةً صريحة إلى زيادة تسعيرها، وتحويلها مَصْهرةً دمويّةً عدَميّة. كذلك، أوضح بشكلٍ ضمنيّ مفهومه للسلام على أنّ المقصود منه هو حماية مصالح الولايات المتّحدة في مقابل الاقتتال بين أربع دول. حملت مقالة لوتواك المذكور عنوانًا معبّرًا هو: «في سوريا: تخسرُ أميركا إذا كسبَ أيٌّ من الأطراف» (In Syria, America Loses if Either Side Wins) وفيه كتب: «إنّ الاستنزاف الطويل الأمد في هذه المرحلة من الصراع هو المسار الوحيد الذي لا يضرُّ المصالح الأميركيّة»، ثمّ ختمه بنصيحةٍ لصانع القرار الأميركيّ: «سلِّحوا المتمرّدين كلّما بدا أنّ قوّات السيّد الأسد في صعود، وأوقِفوا دعمهم كلّما بَدا أنّهم سيكسبون

المعركة». لم يكن لوتواك مجرّد ناصحٍ للإدارة الأميركيّة ومنظّرٍ لها، بل هو يؤكّد في مقالته – مُحقًّا – أنّ ما أوصى به هو واقع الموقف الأميركيّ في سوريا.

ما بعد كارل فون كلاوزفيتز

كتبت حنّه أرندت خلاصاتٍ «في العنف» (1969-1970) قالت فيها قبل حوالي نصف قرن من الحرب التي نعيش رحاها اليوم: «الحال، أنّ أدوات العنف قد تطوّرت تقنيًّا إلى درجة لم يعد من الممكن معها القول بأنّ ثمّة غايةً سياسيّة تتناسب مع قدرتها التدميريّة، أو تبرّر استخدامها حاليًّا في الصراعات المسلّحة. ومن هنا نجد أنّ الحروب – التي كانت منذ غابر الأزمان، الحكم النهائيّ الذي لا يرحم، في الصراعات الدوليّة – إنّما فقدت الكثير من فعاليّتها، كما فقدت مجدها الباهر كلّه تقريبًا. اليوم نجد أنّ ألعاب الشطرنج «الكوارثيّة» التي تقوم بها القوى العظمى، أي بين القوى التي تتحرّك على المستوى الأعلى لحضارتنا البشريّة، إنّما تلعب على قاعدة «لئن كان الرابح هذا الطرف أو ذاك، فإنّ الصراع سيسفر عن نهاية الاثنين» (هارفي ويلر). وهي لعبة لا تشبه في الحقيقة أيًّا من ألعاب الحرب التي سبقتها. لعبة لا يقوم هدفها «العقلانيّ» على إحراز النصر، بل على ردع الطرف الآخر»[24].

من مصائبنا الكبيرة، أنّ صنّاع القرار على الصعيد العالميّ، لا يقرؤون إلّا ما يناسب تصوّراتهم الخاصّة وخياراتهم السياسيّة. ورغم الفشل الذريع لما سُمّي الفوضى الخلّاقة والجنون الخلّاق، في الاحتلال الأميركيّ لأفغانستان والعراق، لم يتّعظ الرئيس الروسيّ فلاديمير بوتين من هذه التجارب البائسة، واختار أن «يجرّب بنفسه»، لاعتقادٍ ساذج،

---

24 حنّه أرندت، «في العنف»، (كتب في 1969-1970)، ترجمة إبراهيم العريس، ط 2، 2015، ص 5-6.

بأنّ فشل الآخر لم يكن لأنّنا نشهد نهاية حقبة تاريخيّة كاملة، بل لأنّ «الغربي» لم يمتلك الكفاءة اللازمة والقدرة على «النصر»!

لم تكن «العمليّة العسكريّة الخاصّة» للجيش الروسيّ في أوكرانيا تحوّلًا راديكاليًا في الحرب الأوكرانيّة التي بدأت في 2014 وحسب، بل كانت إعلانًا لدخول «المدارس» العسكريّة الكلاسيكيّة كافّة، في حالة استعصاء وعطالة، مع دخول أوروبا والعالم فعليًا في «الحرب الهجينة» (hybrid war)، حيث نشهد مواجهة مفتوحة، سياسيّة، اقتصاديّة، سبرانيّة، إعلاميّة وعسكريّة، بكلمة: حرب شموليّة الطابع، ليس فقط بين أوكرانيا وروسيا، بل بكلّ المعاني، مواجهة بين مشروع إمبراطوريّ روسيّ مع الولايات المتّحدة الأميركيّة ومجلس الإدارة الذي اختارته للإمساك بالمنظومة العالميّة.

جملة «المسلّمات» التي دافع عنها أنصار الحرب تساقطت الواحدة تلو الأخرى. وإن كان المثل التاريخيّ يخبرنا أنّه لم تقم أيّ إمبراطوريّة وتسُدْ بلا حرب وحروب، أي بدون عمليّة هدر وهدم وإذلال للكرامة الإنسانيّة، فإنّ الحرب التي نشهدها اليوم، تفوق القدرة البشريّة على تحمّلها. ولذا، أصبح الاستثمار المشترك في الدم والهدم، تجارة خاسرة لمختلف أطراف أيّ نزاع مسلّح. والمعادلة الوحيدة الممكنة في هذه الحرب، هي معادلة خاسر/خاسر.

أسقطت هذه الحرب، في ما أسقطت، مقدّمات كلاوزفيتز، وتطبيقاتها البائسة في غرفة عمليّات الجنرالات الروس، ولكن أيضًا نظريّات «المقاومة الشعبيّة المسلّحة» و«الألوية الأمميّة المقاتلة» وصرخة ليون تروتسكي قبل قرن: «سيكون الجيش الأحمر تحت تصرّف الثوّار أينما كانوا». وصار من الضروريّ وضع أطروحات نيتشه وجان بول سارتر وفرانز فانون المؤمنة بالعنف «كقوّة تدفع الحياة إلى الأمام» على مشرحة النقد.

سقطت أيضًا فكرة بناء مقاومة شعبيّة أو نظام ديمقراطيّ عبر الاستقواء بالخارج أو قوى عظمى على أخرى. فكلّ نماذج الاستقواء لم تعط دولة سيّدة، أو حكمًا رشيدًا أو أنموذجًا للديمقراطيّة. ولعلّ الكوميديّ الناجح زيلينسكي، خير من يعلم ذلك، فهو بعظمة لسانه، لا يرى في أوكرانيا القادمة دولةً ديمقراطيّةً على النمط الأوروبيّ، بل يبشّرنا بقيام «إسرائيل كبرى» (Big Israel).

أخيرًا وليس آخرًا، انتهى عصر «الانتصارات» العسكريّة. لن تتكرّر احتفاليّات «النصر» بعد اليوم، من قبل أيّ مغامر يظنّ أنّ صواريخه العابرة للقارّات، تكفي لتغيير خريطة العالم أو «موازين القوى». فالسلاح الأمضى والأكثر نوعيّة، هو ذاك القادر على تحويل الكرة الأرضيّة إلى كوكب ميت، خالٍ من المؤرّخين والصحافيّين، أو المحتفلين بـ«النصر».

العنف: مقاربة متعدّدة الميادين
The Violence: A Multidisciplinary Approach / La violence: Approche Pluridisciplinaire

أعادت فظائع الحرب العالميّة الثانية إلى السطح جلّ الأسئلة المتعلّقة بالعنف السياسيّ والمجتمعيّ، وطرح الفلاسفة والعلماء أسئلةً هامّة حول العلاقة بين الإنسان والعنف: ما الحدود بين الفطريّ والمكتسب، الكامن والظاهر، الواعي واللاواعي، البيولوجيّ والمجتمعيّ، النفسيّ والحقوقيّ، وما خريطة الاعتقاديّ والسياسيّ، الاستمراريّة والانقطاع، القديم والجديد في ظاهرتَي العنف والعدوانيّة؟[25]

هل يمكن قراءة العدوان والعنف في علم النفس والقانون أو الفلسفة والسياسة بنفس الطريقة؟ وأخيرًا، كيف وصلنا إلى تعبيراتٍ

---

[25] هيثم منّاع، دراسات نقديّة في حقوق الإنسان، 2005 .

هجينة للعنف والعدوانيّة كنّا تابعنا، منذ بداية القرن، توسّعها الأفقيّ مع ظاهرة العولمة؟ تحتاج هذه الأسئلة إلى تأمّلات جماعيّة وبحثٍ عميق، ولا تدّعي هذه الأسطر امتلاك الإجابات بقدر ما تحاول أن تكون إسهامًا في مواجهة البلادة الذهنيّة المتصاعدة تجاه العنف في المجتمع المشهديّ المعولم.

«يصعب عليّ الاعتقاد بوجود بشرٍ في جنانٍ سعيدة لا يعرفون العنف أو العدوانيّة»[26]، كتب سيغموند فرويد. وعند هذه الجملة ينتهي اجتماع المحلّلين النفسيّين. فليس هناك اتّفاق على تعريف العنف وكذلك الحال بالنسبة للعدوانيّة. لكن يمكن القول، بالخطوط العامّة جدًا، بأنّ هناك اتّجاهًا كلاسيكيًّا يعبّر عنه فيليب جياميه (Philpe Jeammet) الذي يعتبر العنف بشكل أساسي «وظيفة لحماية الأنا»، فهو «يقوم بوظيفة تفريغ الشحنات الداخليّة للأنا»[27]. بهذا المعنى أو التعريف، فإنّ العنف لا يحمل حقدًا، فيما العدوانيّة «حركة متعمّدة لتحطيم الآخر الذي تمّ التعرّف إليه باعتباره شيئًا آخر. في العدوانيّة، وفق هذه المقاربة، نيّة مسبقة للإساءة إلى الآخر بشكل نوعيّ: تحطيمه، إيلامه، لخبطته، سرقة أو تحطيم أشياء لها مكانة هامة عنده»[28]. يعرّف بروخ Bruch العدوانيّة بالقول: «استعداد دائم لمهاجمة الآخرين، مع نيّة التحطيم، وفي كلّ الأحوال، مع ردّ غير محسوب»[29].

هناك اتّجاه آخر معاكس يلخّصه عنوان كتاب أنطوني ستور «العدوانيّة الضروريّة»، وضمن هذا الاتّجاه يمكن وضع رأي جورج

---

26 S. Freud, Considérations actuelles sur la guerre et la mort; Payot; 1999.

27 Philipe Jeammet, L'actualité de l'agir à propos de l'adolescence, in : Nouvelle Revue de Psychanalyse, n° 31, les Actes, pp. 201-222.

28 Françoise Bougnoux, Distinguer violence et agressivité, dans : Les violences.

29 M. Bruch, Réunion de l'Association Internationale d'étude de la personnalité et du caractère, 14 mai, 1977.

باستان (Georges Bastin) الذي يعتبر العدوانيّة «تصرّفًا حيويًّا في غاية الإيجابيّة». في المقابل، كانت مقاربة جان ماري مولر للعنف تنطلق من قضيّة جوهريّة هي الكرامة الإنسانيّة: «العنف هو ما يمكن أن يتعرّض للكرامة الإنسانيّة. وما يأتي لتحطيم شخصيّة الآخر». إدغار وولف (Edgar Wolff) المدافع عن هذه المقاربة يُكمل قائلًا: «يبدو لي العنف باعتباره درجة أعلى في العدوانيّة، درجةً أكثر خطورة. وتحطيم الشخصيّة يمكن أن يتضمّن اعتداءات جسديّة وضغوطًا وإذلالًا نفسيًّا»[30].

ليس بالإمكان اعتبار هذا النقاش حول العدوانيّة والعنف عالميًّا، فالنسبيّة ضروريّة؛ ضروريّة في التعريف، ضروريّة في التحليل، وضروريّة في الاستنتاجات. والسؤال الأساسيّ يبقى: ما العنف المقبول أو المفهوم في مجتمعٍ أو منظومة قيمٍ محدّدين، وما دور التبرير السياسيّ أو الاجتماعيّ أو الأيديولوجيّ للعنف؟ وهل يمكن اعتبار حديث بعض المحلّلين النفسيّين في السبعينيّات عن العقدة الساديّة-الروحانيّة[31] لوصف التطرّف العنيف في مطلع السبعينيّات، صالحًا لوصف ما بعد 11 سبتمبر؟ هل يمكن الاكتفاء بفكرة تشابه الآليّات برغم اختلاف المقوّمات الثقافيّة لتفسير متشابه لظاهرة العنف السياسيّ، مع أو بدون ثوب دينيّ؟ هل يمكن استعادة إشكاليّة «عنف المظلوم المستلب الهويّة» عند فرانز فانون لشرح ظاهرة العنف في أوساط الجيل الثاني والثالث من أبناء المسلمين في أوروبا؟ هؤلاء الذين وُلدوا في مجتمعٍ يعطيهم الحقوق الفرديّة الشكليّة من جهة، ويصفعهم بسلوكه المدنيّ الانتقائيّ والاصطفائيّ القادر على دفع المهمّش والمنبوذ نحو رفض «المدنيّة».

من الصعب الحديث عن العنف كظاهرة مجتمعيّة أمام غياب الأرض الحاضنة، وقوّة الدافع، والمنطق الداخليّ المتماسك. الاستقصاء

30 Edgar Wolff, instinct sexuel et agressivité, Guy Authier, Paris, 1978, pp. 13.

31 Le complexe sadico-mystique d'Edgar Wolff.

المنهجيّ يخلق الشرخ الضروريّ للانفصال عن المنظومة السائدة، ولبناء لغة موازية مختلفة وضروريّة للتعرّف إلى الذات المبعدة، يضع فكرة الدور على الطاولة باعتبارها في حالة مواجهة مع السائد، أمّا المنطق الداخليّ فينطلق، برأينا، من إعادة طرح الأحجية عينها: «ليست المشكلة إن كان لوجودي معنى أو لا، المشكلة هي امتلاك رغبة ما للعيش في هذا المحيط الذي بعدائه لي جعل منّي عدوًّا له، والذي بتحديده مسبقًا لدوري ووضعي الاجتماعيّ ومستقبلي حرمني من أيّ فرصة للتعرّف إلى الذات خارج المخطّط المرسوم المعالم للانضمام إليه أو الرضوخ لقواعده. فأنا بالنسبة إليه، العنصر المضطرّ للعب دور القاصر، الأقليّة، لا بوصفها كذلك بنيةً أو عددًا، بل مفهوم الأقليّة الوظيفيّ القديم».

إن كان تعويم العملة في الاقتصاد يحتمل أكثر من قراءة، فتعويم المفاهيم ذات التأثير المباشر على الحياة اليوميّة للبشر يترك بالضرورة ثغرات كبيرة يدفع ثمنها الأضعف في السوق والإعلام والثقافة والسياسة. وكما رأينا مع العنف والعدوانيّة، يصعب الحديث عن وضوح أكبر في جريمتي العدوان والإرهاب، كذلك الحال في مقوّمات البناء النفسيّ للإذلال وطبيعة التأقلم مع المجتمع المستقبِل. يبلغ هذا التعويم قمّته مع عولمة الوجود المفاهيميّ للبشر، أي الهمّ المتصاعد لإعطاء صفة العالميّة لإعادة الهيكلة والخصخصة والصرف العائم وخفض مصروفات الدولة وإطلاق حرّية فعل الأسواق باعتبارها المخلّص من الفقر والمرض والاستبداد والفساد.

ليس من السهل تنظيم آليّات السيطرة على الصعيد العالميّ في مرحلة أفول الحضارة الغربيّة. كان لصعود الحضارة الأوروبيّة فضل إعادة بناء العالم المادّي والذهنيّ. الحقبة الأميركيّة لا تحمل ميزات الانطلاقة وعلى وجهها تجاعيد وبشاعات القرون الخمسة الماضية. من هنا سطحيّة علاقتها بالظواهر والمستجدّات. وطغيان الوقت على التأمّل

باعتبار الأوّل عنصرًا أساسيًّا لإمبراطوريّة الـFast Food المنتصرة. بهذا المعنى، ليس هناك أفضل من عولمة حالة الطوارئ وقوانين مكافحة الإرهاب وسيلةً للدفاع عن صيرورة المال ربّ العولمة المعبود.

لا خلاف عند صنّاع القرار الإمبراطوريّ على أنّ العنف والعولمة صنوان، وإن كانت قضيّة معالجة النقد والكرامة والجمال والإيمان والطبيعة والإبداع باعتبارها سلعًا لا تشغل بال صنّاع القرار في الدول «الكبرى»، فإنّ قضيّة إدارة العنف على الصعيدين الداخليّ والدوليّ تشكّل بالتأكيد همًّا مركزيًّا عندهم.

هل يمكن لتأميم الحرّية وطغيان السوق ومركزة إدارة العنف أن تترك للحضارة الغربيّة رونقها الأوّل؟ في نصّ مميّز لجورج حنين، يرى الشاعر السرياليّ المصريّ أيّ اعتداءٍ على الحرّية إنتاجًا للشبه والظلّ وابتعادًا عن الغرض الأساسيّ لها كمشروع وحنين. إلغاء العفويّة (بالقوانين والإجراءات الاستثنائيّة) يحوّل العلاقة مع الحرّية إلى مدنّس يدفعنا لقلب الصفحة ضدّ ذاتنا هذه المرّة، وفق قواعد تمّ تحديدها على مستويات عالية[32].

سأحاول التوقّف عند العنف باعتباره القاسم المشترك الأعظم في كمون كلّ نفس بشريّة. وفق تعريف «منظّمة الصحّة العالميّة»، فالعنف هو «الاستعمال المتعمّد للقوّة المادّية أو السلطة في شكل تهديد أو ممارسة فعليّة، ضدّ الذات، أو شخصٍ آخر أو جماعة أو جالية لما يهدف أو ثمّة احتمال كبير لأن يكون سببًا في جرح أو قتل أو التسبّب بخسائر مادّية أو اضطراب في التنمية أو نقص». أو كما تعبّر عنه باختصار فرانسواز هيريتييه (Françoise Héritier): «كلّ إكراهٍ من طبيعة نفسيّة أو جسديّة. إكراه يستفيق كشكلٍ من أشكال الدفاع عن الأنا

---

32 Georges Henein, de la liberté comme nostalgie et comme projet, les cahiers de l'Oronte, n° 1, 1965, Liban, réédité par Arabie-sur-seine, 1984.

ووسيلة قصوى للتعبير عن الذات. كون الحدود المقبول بها مجتمعيًّا تصبح جدّ واهية عند تصدّع البنيان النفسيّ للأفراد والجماعات لأسباب متعدّدة تبدأ في مراحل الطفولة الأولى وقد لا تنتهي إلّا في حلقةٍ مغلقة لتدمير الذات والآخر، للتحوّل من حالة الشعور الذاتيّ بالذلّ إلى حالة تقاسم اللحم والدم في الموت كوسيلة وحيدة لتقاسم العالم (لم تقبل المساواة معي في الحياة، ستقبلها مكرهًا في الموت). أليس العصيان، كما يقول مصطفى خيّاطي، هو دائمًا «فعل الذين تحكم عليهم المنظومة الاجتماعيّة السائدة بالصمت بعد نبذهم من شبكتها الحيويّة»؟[33]

إنّ أيّ رغبة في الانتقام تعني وجود هجوم وأذًى مسبقين. وعندما يفسّر بنيامين نتنياهو دوافع تفجيرات لندن بالقول إنّ سلوك «الإرهابيّ لا ينطلق من أفعال المستهدِف (what we do) بل من مجرّد طبيعته (what we are)»[34] فهو إمّا مقتنع، وهي مصيبة، أن يأخذه التطرّف إلى تحليلٍ كهذا، وإمّا غير مقتنع، لكن الوضاعة السياسيّة هي ما يتطلّب منه هذا التفسير، وتلك مصيبة أخرى.

في كلّ حديث معمّق مع أبناء الجيل الثاني والثالث في أوروبا، يتساءل الشابّ المسلم عن حصّته في المواطنة، في فرص العمل وفي اكتشاف ذاته، عن وسائل تفريغ التوتّرات الداخليّة والاندفاعات الخلّاقة في أوضاع عاديّة. يحاول الشبيبة التمايز باختراع لغةٍ خاصّة بهم، بمنح بعض المفاهيم معنًى آخر مغايرًا (مفهوم العصابة مثلًا). في الأعياد الوطنيّة والدينيّة الغربيّة نلاحظ أكثر فأكثر ارتفاع نسبة مستخدمي المفرقعات بين الأجانب، كذلك في حوادث حرق وسرقة السيّارات وضرب مداخل المباني... هناك محاولة وضع بصمة من قبل من أنكرت

---

[33] Georges Henein, de la liberté comme nostalgie et comme projet, les cahiers de l'Oronte, n° 1, 1965, Liban, réédité par Arabie-sur-seine, 1984.

[34] BBC TV, interview, 10/07/2005.

المنظومة وجوده، بشكل أعوج أو أهوج، لا يهمّ. المهمّ أنّ المعنيّ بالأمر يرفض أن يكون مجرّد نكرة في مجتمع فشل في عرض أيّ علاقة شراكة جديّة معه. لذا لا نستغرب أن تكون مجموعات مناهضة العولمة، باعتبارها التعبير الراديكاليّ المحلّي الصنع، والشعبويّة القوميّة التي تهتزّ أركانها الأيديولوجيّة كلّما تقدّمت المنظومة العولميّة، والتطرّف الإسلاميّ، باعتبارها الصرخة الأكثر مشهديّةً لرفض الذلّ، مادّة استقطاب للتمرّد الشابّ.

التكوين النفسيّ للقاتل وتمتّعه بكلّ مواصفات الضحيّة في آن واحد، لا يمنحه ورقة حسن سلوك. لكن هل بالإمكان مواجهة هذه الظاهرة، أو هذا الاختيار، دون الاعتراف بأنّ الأمر يتعدّى مجرّد «وعكة في الحضارة» أو أزمة يمكن احتواؤها أمنيًّا؟ نحن أمام حالة فراغ هائل: لقد وصل التفاوت بين الشمال والجنوب، بين القويّ والضعيف، بين المركز والمحيط، بين الثقافة المركزيّة والثقافات الهامشيّة، بين عالم الغنى وعالم الكدح، شعوب الترف وشعوب القرف، وصل إلى درجاتٍ لم تعرفها البشريّة من قبل. كان اقتصاد الاكتفاء يحمي شعوب المحيط في الإمبرياليّات القديمة. اليوم أصبح دخول اقتصاد السوق أصغر قرية في أقاصي الأرض شرطًا واجب الوجوب للهيمنة والسيطرة. وصار تحطيم وسائل الدفاع الذاتيّ الكلاسيكيّة عند الآخر جزءًا من الأمن القوميّ للـ«نحن».

عندما تصبح البربريّة الذاتيّة شكلًا من أشكال الدفاع عن النفس والوطن والقيم الغربيّة المهدّدة، وتدخل بربريّة الآخر في تصنيف «الإرهاب» والشرّ والتخلّف والتعصّب... يصبح ولع المغلوب بطاعة منطق الغالب، باستحضار ابن خلدون، صورةً من صور جلد الذات. بالتأكيد، ليست الماركسيّة الخرساء والليبراليّة العرجاء وقوميّة المنكفئ على ذاته والتطرّف الدينيّ ماركة مشرقيّة مسجّلة، بقدر ما أنّها تقبع في

أعماق أزمة بنيويّة شاملة على الصعيد العالميّ. بهذا المعنى، تشكّل القيم القرآنيّة الكبرى في المساواة والتكريم الإنساني والإخاء والتسامح والتضامن جبلًا شامخًا في مواجهة طوفان نوح الأزمنة الحديثة. إلّا أنّ من المؤكّد أنّ القراءات المنغلقة والتكفيريّة التي يقدّمها بعض المسلمين لا يمكن أن تشكّل ردًّا على الطغيان العالميّ بقدر ما أنّها تعزّز هذا الطغيان بوعيٍ أو بدون وعي، سواء عبر عقائد تستمدّ روحها من إعادة استهلاك إدارة التوحّش عند الأقوى وتقديم الأضعف المسلّح بالتطرّف والتعصّب قربانًا للحور العين، أو باللجوء إلى أسلحة دفاع ذاتيّ رثّة ملوّثة بكلّ أمراض الانغلاق ووهم التفوّق والقداسة.

إنّ الاستقالة المبكرة للإنسانيّة، الكامنة في أعماق كلّ شخصٍ يؤمن بفكرة التغيير وبدوره فيه هي أكثر من مجرّد مسؤوليّة... وكما أسّست صرخة حكماء أوروبا بوجه توحّشها للتسامح من خلال قانونٍ يعيد تنظيم العلاقة بين الأشخاص وبين الجماعات، ها نحن اليوم في أمسّ الحاجة، لا فقط لقراءة واستحضار جون لوك وفولتير و«قانون التسامح»، بل إلى راهنيّة إدماج «إعلان مبادئ التسامح» في ثقافاتنا وبرامج حركاتنا السياسيّة والمدنيّة ومناهجنا التعليميّة، فضلًا عن الحاجة إلى قبول المواثيق الدوليّة لحقوق الإنسان والبيئة ناظمًا للعلاقة بين الأشخاص وبين الأمم. وليس ذلك بدافع عشق دين أو أيديولوجيّة جديدة أو قديمة، بل حتّى لا يضع العنف نهاية لوجود الإنسان، ووجود كوكب أتيحت فيه الفرصة لما نسمّيه الحياة.

التسامح واللاعنف

Non-Violence and Tolerance / La non-violence et la Tolérance

تأسّست العلوم الإنسانيّة، والاجتماعيّة، والأنثروبولوجيّة (علم الإناسة) والنفسيّة على تقسيم العمل الذهنيّ وتصنيف العلوم والاختصاصات الحديثة في ظرف تاريخيّ (زمانيّ ومكانيّ): فهي ابنة الثورة الصناعيّة والتنوير والتغيّرات السياسيّة الاجتماعيّة المواكبة لذلك. وقد حمل الاستعمار والهجرات الكبيرة لما عُرف بالعالم الجديد هذه العلوم وتصانيفها... لذا، امتزج اكتشاف المجتمعات الأخرى للمعارف الأوروبيّة، التي عَمّدت بالبضاعة والمطبعة والمدفع منتجاتها، باعتبارها عالميّة وصالحةً لكلّ الشعوب، امتزج هذا الاكتشاف بمنطق الهيمنة الثقافيّة والماديّة، الأمر الذي ترك بصماته واضحة على جملة العلوم والاختصاصات الإنسانيّة وعلى مجالات اهتمامها. ففيما شهدنا في النصف الثاني من القرن التاسع عشر دعمًا حكوميًّا غربيًّا واضحًا لبحّاثة الإثنولوجيا ودراسة الشعوب «الأخرى»، يصعب أن نجد أيّ أثر لموضوع التسامح عند الآباء المؤسّسين لعلم النفس والتحليل النفسيّ. ومن العبث البحث عن اهتمام يُذكر في كتابات سيغموند فرويد أو لدى من عاصره وتبعه مباشرةً مثل فيرانزي ويونغ وفلهلم رايش وكوليام جيمس وستانلي هل... أو حتّى في كتابات الأنثروبولوجيّين الأوائل. ولعلّ بياجيه (Piaget) من أوائل من طرح موضوع التسامح عام 1932، بعد أوجاع الحرب العالميّة الأولى التي عاشها، وعلى مبدأ «عامل الآخرين بما تحبّ أن يعاملوك» قائلًا: «يمكن إحراز الفهم الكامل للتسامح عندما

تكون السلوكيّات التي نعتبرها صائبةً هي السلوكيّات التي تظهر في صورة سلوكيّات متبادلة بين طرفي العلاقة تبادلًا لانهائيًّا»[35].

علينا انتظار نهاية الحرب العالميّة الثانية وما عُرف بحقبة نزع الاستعمار لبداية ظهور دراسات جدّية في الموضوع، وقد تزايدت هذه الأبحاث والنقاشات في التسعينيات بعد سقوط جدار برلين وانهيار معسكر حلف وارسو ونهاية الحرب الباردة. علمًا بأنّ اقتناعنا المنهجيّ يفضي إلى أنّ موضوعًا كهذا، لا يمكن تناوله على نحوٍ شاملٍ ومتقدّم، دون الخروج من جدران الاختصاص من أجل الاختصاص والتقسيم التقليديّ للعلوم الإنسانيّة، بل ثمّة ضرورة للتعامل معه في إطار البحث المتعدّد الميادين (Pluridisciplinaire).

بالرغم من اتّفاق عددٍ كبير من علماء النفس والاجتماع على ضرورة عدم الخلط بين التسامح والعفو (Pardoning)، التسامح والصفح (Condoning)، التسامح والتبرير (Excusing)، التسامح والإنكار (Denying) والتسامح والتصالح (Reconciliation)، نجد العديد من الباحثين يحصرون أبحاثهم بمفهومٍ يقع في فخّ التحجيم القصديّ، أو العفويّ لمصطلح التسامح حتى بعد 1995 وصدور إعلان المبادئ عن منظمة اليونيسكو. فباعتقادنا، ليس ثمّة صعوبة في التحليل النفسيّ والمجتمعيّ للانطلاق في موضوع التسامح كفضيلة تيسّر السلام، وقيمة أخلاقيّة وواجب سياسيّ وقانونيّ قائم على التلاقح الثقافيّ والمعرفيّ وفق قاعدة التنوّع والاختلاف وحرّية الفكر والضمير والمعتقد، واتّخاذ موقف إيجابيّ فيه إقرار بحقّ الآخرين في التمتّع بالحقوق الإنسانيّة الأساسيّة، الأمر الذي يعني أنّ للمرء الحرّيّة في التمسّك بمعتقداته وأنّه يقبل للآخر ما يقبله لنفسه. إنّ حصر التسامح في حالة الأذى المرتكب،

---

[35] Piaget, J., Le jugement moral chez l'enfant, Paris, Alcan, 1932, P. 258.

يذكّرنا بالمعالجة الطبيّة الغربيّة التقليديّة، القائمة على مداواة الأعراض لا على دراسة الأسباب ووسائل الوقاية. ويذكّرنا أيضًا بالوقوف على عتبة التسامح في الوعي الغربيّ العامّ باعتباره نوعًا من الإحسان والصدقة والضيافة، لا باعتباره قيمةً ملزمة، ترتكز أوّلًا وقبل كلّ شيء، على رفض المراتبيّة الثقافيّة والقانونيّة بين الأشخاص والمجتمعات والثقافات، وثانيًا على النضال من أجل السلام الاجتماعيّ والدوليّ، لكسر الحلقة المغلقة لإنتاج العنف التي يختصر يوجين هابرماس محطّاتها بالقول: «يبدأ العنف تواصلًا مشوّهًا، ثمّ يقوده انعدام الثقة المتبادل، والخارج عن السيطرة، إلى انقطاع متواصل».

وإن كان بوذا الحكيم أدرك مبكرًا أنّ «الكراهيّة لا توقف الكراهيّة أبدًا في هذه الدنيا»، فإنّ «اللجوء إلى العنف كان المولّد الأكبر لانتشار العنف كناظمٍ للعلاقات الإنسانيّة». ونقول لمن يدّعي أنّ التاريخ يخبرنا: «ليس هناك طاغية واحد أُقصيَ عن الحكم دون اللجوء إلى القوّة»[36]، إنّ هذا التاريخ عينه أثبت أنّه ما من حركة عنف واحدة عرفناها منذ ثمانينيّات القرن الماضي أعطت حكمًا رشيدًا أو نظامًا ديمقراطيًّا واحدًا، فيما نجحت جنوب أفريقيا وتشيلي ودول أوروبا الشرقيّة في التخلّص من أنظمتها السياسيّة التسلّطيّة بالمقاومة المدنيّة السلميّة.

التسامح ليس ابن النزاعات وموضوعها كما يتبنّى راينر فورست (Rainer Forst) وغيره، وإنّما هو الردّ الأخلاقيّ والسياسيّ والقانونيّ على الجرائم والكراهيّة والعدوانيّة التي تنتجها على نحو واسع النزاعات العنيفة والجنوحات المتطرّفة المفتونة بفكرة إلغاء الآخر.

لا يمكن زجّ التسامح بهذا المعنى في عمليّة احتواء أو توظيف من السلطة للتغطية على سياسات قمعيّة تثير الرعب، فعندما يغيب

---

[36] إبراهيم الحيدري، سوسيولوجيا العنف والإرهاب، دار الساقي، بيروت، 2015، ص 311.

الانسجام المجتمعيّ داخل الاختلاف، ولا تُحترم أشكال التعبير المختلفة ويُحارب الانفتاح الفكريّ وحرّية الاعتقاد والفكر، ويُختزل التسامح في مكرمة من حاكم أو منّة وتنازلٍ ومجاملة، يمكن الحديث عن أيّ تعبير آخر غير مفهوم التسامح بمعناه اليوم.

بناء الشخصيّة المتسامحة
The construction of the tolerant personality /
La Construction de la Personnalité Tolérante

قبل سبعين عامًا، حاول عميد «مدرسة فرانكفورت» النقديّة تيودور أدورنــو دراسـة مـا سمّاه «الشخصيّة التسلّطيّة» (Authoritarian Personality)، في كتاب صدر بهذا العنوان. ورغم القراءات النقديّة الكبيرة لهذه المحاولة، كان لأدورنو فضلٌ لا يُقدّر، بإدخاله مفهومًا اجتماعيًّا ثقافيًّا جديدًا في صلب دراسة «الشخصيّة» خارج الحدود التقليديّة التي أقامتها مدارس التحليل النفسي المختلفة. والسؤال الذي طرحه العديد من علماء النفس ولم يقدّموا بعد إجابة واضحة عنه: هل بالإمكان الحديث عن «الشخصيّة المتسامحة»، وما سمات وآليّات تكوين هذه الشخصيّة؟ لا شكّ في أنّ نقاش الأروقة والسهرات العلميّة الذي شاركت فيه مرّات عدّة، يظهر مدى صلابة جدران الكنيسة التي بناها فرويد وآخرون، بإطلاقهم مفهوم الهرطقة على كلّ من يتناول منهجهم في التحليل. لكن اعتبارًا بأنّ نقطة الانطلاق، كما ذكرت آنفًا، هي البحث المتعدّد الميادين، الرافض لأيّ جدارٍ دغمائيّ ومصطنع، فإنّ العمل على بناء «الشخصيّة المتسامحة» يُعدّ بالنسبة إلينا، مهمّةً أساسيّة لتأكيد قيمة اللاعنف والتسامح بدءًا بالأشخاص وانتهاءً بالمجتمعات.

يعتمد بناء الشخصيّة المتسامحة على التعريف النفسيّ الذي يقدّمه عدد من علماء النفس أندرو نيوبيرغ (Newberg AB)، وأوجين داكويلي (D'Aquili E.G) ستيفن نيوبيرغ (Newberg S.K) وفيرشكا دي ماريسي (De Marici V.) للتسامح باعتباره: «عمليّة عصبيّة معرفيّة ووجدانيّة معقّدة ذات مظاهر متعدّدة، وتُدرَك على نحو متزايد على أنّها مظهرٌ مهمّ للعلاج النفسيّ والتغيّر السلوكيّ. لذا فالفهم الكامل للتسامح، وخاصّة الآليّات المتعلّقة بالشعور بالذات وإدراك الألم الموجّه لها، وسلوك الانتقام، يتطلّب في المقابل مراجعة لعمليّة التسامح والوصف العلميّ لظواهرها»[37].

عندما يتحدّث راسكين (Raskin) وتيري (Terry) وغيرهما عن مواصفات الشخصيّة النرجسيّة مثلًا، التي يمكن اعتبارها، في أهمّ مظاهرها، نقيضًا للشخصيّة المتسامحة، يجري الحديث عن التسلّطيّة، الترفّع، الاستعراضيّة، الخيلاء، الاستغلاليّة، الجدارة، والكفاءة الذاتيّة[38]. ومن الملاحظ أنّنا نتحدّث في الثقافيّ أكثر ممّا نتحدّث في البيولوجيّ، وفي المكتسب أكثر ممّا نتحدّث في الفطريّ. وممّا لا شكّ فيه أنّ بناء الشخصيّة المتسامحة مرتبط ارتباطًا وثيقًا بالمعرفيّ والمكتسب من التجربة الذاتيّة.

لم تولد «الشخصيّة المتسامحة» مع الحداثة، ومن السهل تتبّع جذور نشأتها في الجواهر القرآنيّة والإنجيليّة والبوذيّة والتاويّة والفلسفيّة.

من هنا، فإنّ إدماج مفهوم التسامح ضمن إطار المعرفة العلميّة لا يتطلّب مسبقًا استكشاف المكوّنات العصبيّة والبيولوجيّة والارتقائيّة

---

[37] ميشيل ماكلو، كينيث بارجمنت، كارل ثورسين، التسامح، النظريّة والبحث والممارسة، ترجمة عبير محمد أنور، المركز القوميّ للترجمة، مصر، 2015, الفصل الخامس: الارتباطات النفسيّة العصبيّة للتسامح، ص 193 وما بعدها.

[38] نفس المصدر، ص 332.

174

والاجتماعيّة والشخصيّة للتسامح، بقدر ما يمكن مباشرته عبر عمليّة إدراك جديد للذات وعلاقتها بالعالم. عمليّة قائمة على تعزيز مفاهيم الثقة والإخاء الإنسانيّ ومفهوم الكرامة والعدل والمحبّة عند الأشخاص والجماعات، مع المقاومة اليوميّة للغضب ولمشاعر الانتقام والثأر والأذى. فجملة المظاهر المتعلّقة بعدم التسامح، تُبنى على القلق والغضب وضعف الشعور بالأمن واضطراب العلاقة بين الأشخاص وفكرة الخطر الذي يشكّله الغريب (الإنسان عدوّ ما يجهل) والانتقام والثأر. ومن هذا المنطلق، فإنّ أيّ تصرّف شخصيّ يمكن التعامل معه وفق مبدأين: إمّا وفق مبدأ التكافؤ الإيجابيّ أي الانطلاق من منح الآخر قيمة حضور اجتماعيّة وقانونيّة ونفسيّة. يشتمل هذا المبدأ على اعتبار كاظمي الغيظ والعافين عن الناس أقرب إلى العدل وكرامة الذات، وعلى تفكيك وتشريح المقولات التي تربط بين الشعور بالأمان والعنف، واعتبار الانتقام ردًّا بدائيًّا مدمّرًا للذات والآخر، أو أن يجري التعامل معه على وفق مبدأ التكافؤ السلبيّ، أي الإيذاء والغيظ والانتقام ومقابلة الأذى بما هو أقوى منه والتخيّل العدائيّ، باختصار، الردّ على الكراهيّة بالكراهيّة.

أتذكّر مثلين عشتهما في طفولتي في مدينة درعا (جنوب سوريا) حين قتل أحد أفراد عشيرة الغور، شخصًا من عشيرة الأبازيد. اختارت عشيرة الأبازيد مبدأ التكافؤ السلبيّ، أي الثأر، وتبعتها العشيرة الأخرى بثأر أيضًا، ولم ينته النزاع إلّا بعد القتل وتفجير محالّ تجاريّة واضطراب أمنيّ وترحيل عشيرة الغور من المدينة. المثل الآخر كان بين سهل وجبل حوران، ونجح فيه مبدأ التكافؤ الإيجابيّ، حيث جرى التعامل مع نزاعٍ قرويّ بالحكمة، وعلاجه من قبل شيوخ العقل وحكماء حوران، الأمر الذي أوجد حالة أمان ومحبّة ووشائج تعاون بين القريتين المعنيّتين مباشرة بالحادث.

إنّ المشكلة الكبرى في اختيار مبدأ التكافؤ السلبيّ، تكمن في أنّ من يختار الثأر والانتقام يعرف فقط نقطة البدء، أمّا المنتهى فلا يعرفه أحد. ولو أخذنا جريمة 11 سبتمبر 2001 (المدانة كجريمة ضدّ الإنسانيّة بكلّ المعايير الحقوقيّة والأخلاقيّة) كمثال دوليّ، سنرى أنّ الإدارة الأميركيّة تعاملت معها وفق مبدأ التكافؤ السلبيّ، فما النتائج الكارثيّة التي ترتّبت على اختيار هذا المبدأ؟ وهل كان في حسبان المواطن الأميركيّ حجم الدمار والقتل الناتج عن هذا الخيار؟

لذا ليس من الغريب أن تُعطي الدراسات النفسيّة التجريبيّة القائمة على إدماج أساليب التدخّل المُعزّزة للتسامح، نتائج جسديّة- نفسيّة إيجابيّة على صعيد الأشخاص الذين اختاروا الاستجابة الإيجابيّة. فنجد في التأثيرات المباشرة للتسامح انخفاضًا في معدّل ضربات القلب، وانتظامًا للتنفّس، وتحسّنًا في الثقة بالنفس، وانخفاضًا في نسب القلق والاكتئاب، وفي مستويات هورمونات المشقّة، وتحسّنًا في أنماط النوم... أليس عميد دار الحكمة في بغداد يوحنّا بن ماسويه من قال قبل ألف عام: «مزاج الجسم تابعٌ لأخلاق النفس»؟

يسهل على مؤرّخ الثقافات الإنسانيّة ملاحظة أنّ أخلاق التسامح، ومقوّمات الشخصيّة المتسامحة، مؤصّلة في الديانات والفلسفات الكبرى والأمثلة الشعبيّة والحكم المتواترة في الشرق منذ ما قبل المسيح. فالحديث عن اللقاء الجميل مع الآخر والمعاملة الحسنة بين الناس والمودّة كقيمة في ذاتها، لا رجاءً لمصلحة أو دفعًا لمضرّة، واعتبار أفضل ما في الإنسان من الخير العقل، وأجدر الأشياء ألّا يندم عليه صاحبه العمل الصالح، واعتبار أفضل ما يحتاج إليه الإنسان في تدبير الأمور الاجتهاد، وأظلم الظلمات الجهل، وأفضل البرّ كظم الغيظ والغضب، والجود في العسرة، والعفو عند المقدرة، كلّها مثبتة في القرآن والإنجيل والبوذيّة والتاويّة والصابئيّة.

لا تجتمع الحكمة مع التكبّر والتسلّط في الرأي، وكما جاء في كتاب التاو-تي-تشينغ، «يتجنّب الحكيم الإفراط والغلوّ والصلف». إنّ التفكير الإيجابيّ بالوجود وبالإنسان هو من شروط البقاء الكريمة للجنس البشريّ وما حوله، وكما يقول المثل اليابانيّ: «دقّق سبع مرّات قبل إساءة الظنّ بإنسان أو التشكيك فيه». فما أنت سوى «طينٍ»، كلّما صافحت الآخر نبت فوق كفّك الياسمين، باستعارة صورة جلال الدين الروميّ.

إنّ الإنسان الطامح لغفران الله مكلّف بالعفو والصفح في علاقته مع أخيه الإنسان، والأخذ بالعفو والأمر بالعرف يأتي بصيغة الأمر في القرآن. أمّا الدعوة إلى سبيل الله فتكون بالحكمة والموعظة الحسنة، لا بالعنف والإكراه والقسر. تؤكّد الأناجيل عبثيّة السلوك الانتقاميّ وإشعال الأحقاد. ونجد فيها مواصفات ما نسمّيه مبدأ التكافؤ الإيجابيّ في التحليل النفسيّ الاجتماعيّ، بل وتؤكّد ضرورة تجاوز فكرة «العين بالعين» إلى ما وراء الحلقة المغلقة لقوانين نيوتن في الفعل وردّ الفعل: «لقد قيل لكم من قبل إنّ السنّ بالسنّ والأنف بالأنف، وأنا أقول لكم: لا تقاوموا الشرّ بالشرّ بل من ضرب خدّك الأيمن فحوّل إليه الخدّ الأيسر ومن أخذ رداءك فأعطه إزارك وإن سخّرك لتسير معه ميلًا فسر معه ميلين». إنّ كسر حلقة المسلكيّات الانتقاميّة والثأريّة لا يمكن أن يتمّ باعتماد آليّاتها، فكما يقول بوذا: «الكراهيّة لا توقف الكراهيّة أبدًا في هذه الدنيا».

ليس الاختلاف نقمة بل نعمة، وقدرنا التعدّد للتعارف والتفاعل والتقدّم معًا. إنّ تعلّم التفكير داخل قوالب، يحرمنا من الارتقاء إلى التفكير الحرّ من خلال تحطيمها. كما أنّ المبارزات الأنبل بين الناس هي تلك التي تنطلق من المبدأ القرآنيّ في الدخول في السلم كافّة، أي في كامل العلاقات البينيّة بين البشر من البيت إلى الكوكب. هذا المبدأ الذي أكد عليه رسول السلام السيّد المسيح وحكماء الشرق والغرب، لأنّ السلاح كما يقول بوذا أداة شؤم، وإن أعطى العنف «انتصارات»

مؤقّتة، فلا يمكن أن يبني علاقة سليمة بين المرء وزوجه وأبنائه، بين الشخص وجاره وبين مكوّنات المجتمع الواحد والشعوب. وكما يذكر مارتن لوثر كينغ، لم يعط العنف يومًا سلامًا دائمًا. إنّ منح الآخر قيمة حضور مساوية للذات هو التعبير الأمثل لاحترام الذات.

التسامح في خلاصة القول، كما يكثّف فولتير، «لم يتسبّب قطّ بإثارة الفتن والحروب الأهليّة، فيما عدم التسامح قد عمّم المذابح على وجه الأرض».

هذه قطوفٌ من الذاكرة الإنسانيّة في ثقافة التسامح وبناء الشخصيّة المتسامحة، وبالإمكان أن يُكتَب فيها مجلّدات. ولكن لعلّ الدرس الأكبر من التاريخ، هو أنّ البقاء والتقدّم للجنس البشريّ لم يحدث في أزمنة كان العنف فيها أساسًا للعلاقات بين البشر، بل في تلك التي اعتمد البشر فيها الوسائل اللاعنفيّة ومبادئ التوافق والتراضي (Reconciliation-consentement) في تقرير مصيرها ودفاعها الغريزيّ والعقلانيّ من أجل البقاء[39].

من الضروريّ التأكيد على مفهوم «الشخصيّة المتسامحة» باعتبارها الصفة الأهمّ في الماضي لحكماء ومتصوّفة وأنبياء وفلاسفة وجموع كبيرة من عامّة البشر، والتأكيد أيضًا على بناء الشخصيّة المتسامحة في تربية وتعليم الأجيال القادمة.

فمهما تقدّمت ثقافة التعدّد والاختلاف، وتأصّلت فكرة المساواة والعدل والحرّية في المجتمع، كذلك مهما زاد الاهتمام بوسائل العلاج النفسيّ الاجتماعيّ، فستبقى جملة الجهود قاصرة، في غياب استراتيجيّات وقائيّة تربويّة تعتمد زرع التسامح في التعليم والتربية والثقافة، وفي العلاقات اليوميّة بين الناس.

---

39 Godelier, M. Infrastructures, sociétés, histoire, Dialectique, N° 21, Automne 1977, P. 50.

بصائر وذخائر[1]

«ولقد كرّمنا بني آدم»

«يا أيّها الذين آمنوا ادخلوا في السلم كافّة»

«لا إكراه في الدين»

«لئن بسطت إليَّ يدك لتقتلني ما أنا بباسطٍ يدي إليك لأقتلك إنّي أخاف الله ربَّ العالمين»

«وادعُ إلى سبيل ربّك بالحكمة والموعظة الحسنة»

قرآن كريم

«إذا فُرض الدين بالقوّة لا يعود دينًا: فالمطلوب الإقناع لا الإكراه. فالدين ليس ممّا يؤمر به أمرًا»

لاقتانسيوس، كتاب التعاليم الإلهيّة

«التاو ليس كلّي القدرة والتفرّد أو وحيد المرجع وليس له شعبه المختار، كذلك ليس لديه مفهومٌ أحاديّ ومنجزٌ للحقّ، لأنّ الحقّ كالحقيقة ليس واحدًا وهو في كلّ الأحوال غير مطلق. على العكس من ذلك، هناك رفضٌ أوّليّ لمخاطر الإطلاق المركزيّ الذي يجلب العنف ورفضٌ لفكرة الدين المتفوّق والفرقة الناجية. فهو الصورة الكبيرة بدون صورة، الأمر الذي يعني بالضرورة تعدّد الصور ورفض التعصّب. والتاو نداءٌ دائم إلى الماوراء، المابعد: «مهما فعلت فلم تكتشف بعد»

جلسة مع حكيم تاوي، الإمعان في حقوق الإنسان،
الجزء الأوّل، التاويّة

«ليس منّا من دعا إلى عصبيّة، وليس منّا من قاتل على عصبيّة، وليس منّا من مات على عصبيّة»

حديث شريف

«إذا جرى اللجوء إلى العنف للدفاع عن الدين، فسيتبنّى الأساقفة موقفًا معارضًا»

القدّيس هيلاريوس (Saint HILAIRE)، الكتاب الأوّل

«إنّها لهرطقة مقيتة أن نجتذب بالقوّة، بالضرب، بالسجن، من عجزنا عن إقناعهم بالعقل»

القدّيس آثاناسيوس (Saint ATHANASE)، الكتاب الأوّل

«لا شيء ينافي الدين كالإكراه»

القدّيس يوستينوس (Saint JUSTIN)،
تاريخ الشهداء، الكتاب الخامس

لقد كنتُ قبلَ اليومِ أنكرُ صاحبي — إذا لم يكن ديني إلى دينه دانِ
لقد صار قلبي قابلًا كلَّ صورةٍ — فمرعًى لغزلانٍ وديرٌ لرهبانِ
وبيتٌ لأوثانٍ وكعبةُ طائفٍ — وألواحُ توراةٍ ومُصحفُ قرآنِ
أَدينُ بدين الحبِّ أنّى توجَّهَتْ — ركائبُه فالحبُّ ديني وإيماني

ابن عربي

«من يتطاول على أطراف أصابعه لا يقف طويلًا
من يوسّع خطاه لا يمشِ بعيدًا
من يظهر نفسه لا يبدُ للعيان
من يعتبر نفسه دومًا على حقّ لا ينَل الرضى
من يتفاخر لا يَحُز المكانة
من يتبجّح لا ينَل الاعتراف»

كتاب التاو للحكيم لاو تسو

«لا يمكن لحضارةٍ العيش إذا حاولت أن تكون حصريّة»

«إنّ القاعدة الذهبيّة في السلوك تقوم على التسامح المتبادل، فلا يمكن أبدًا أن نفكّر جميعًا بنفس الطريقة، ونحن لا نرى سوى جزءٍ من الحقيقة، ومن زوايا مختلفة»

المهاتما غاندي

«بدون التسامح لن يكون ثمّة مستقبل
اللاعنف والحقيقة لا ينفصلان ويرتبط كلّ منهما بالآخر
لا تعني السلميّة عدم ممارسة العنف فقط، ولكنّها تعني اتّخاذ موقفٍ
إيجابيٍّ لمقاومة الظلم، أو لإحداث التغيير المرجوّ.
إنّ جوهر فلسفة اللاعنف يكمن في المجاهدة للتخلّص من الأحقاد
لا الحاقدين»

ديزموند توتو

«التسامح الحقّ لا يستلزم نسيان الماضي بالكامل»

نلسون منديلا

«على الرغم من الانتصارات المؤقّتة التي تتحقّق فيه، لا يجلب العنف
سلامًا دائمًا أبدًا»
«اللاعنف لا يعني فقط تجنّب العنف المادّي مع الآخرين، بل أيضًا
العنف الروحيّ الداخليّ. إنّك لا ترفض إطلاق الرصاص على شخص آخر
فقط، بل ترفض أن تكرهه أيضًا».

مارتن لوثر كينغ

«تقع مسؤوليّة التسامح على من لديهم أفقٌ أوسع »
فيرديناند برونتيير (Ferdinand Brunetière)
المعروف باسم جورج إليوت (George Eliot)

«التسامح مفتاح الفعل والحرّية»
حنّه أرندت (Hannat Arendt)

«طينٌ أنا كلّما صافحتك نبت فوق كفّي الياسمين»

«تعلّمت التفكير... بعدها تعلّمت التفكير داخل قوالب... بعدها تعلّمت أنّ التفكير الصحيح هو التفكير من خلال تحطيم القوالب».

«الحقيقة كانت مرآةً بيد الله وقعت وتشظّت، كلّ واحد أخذ قطعة منها، نظر إليها وخال أنّه يملكها كلّها»

جلال الدين الرومي

«استهدف العلى في أحلامك ولكن ليبقَ قلبك متواضعًا»

مثل كوريّ

«لا تسر خلفي فقد لا أكون مرشدًا لك
ولا تسر أمامي فقد لا أتقبّل أن أكون تابعًا لك
بل سر بجانبي لكي أراك، ولنكون متساويَين أيضًا»

حكيم من الهنود الحمر

«وحدها النفوس الكبيرة تعرف كيف تسامح»

جواهر لال نهرو

«التسامح محبّة أصابها التسامي»

جبران خليل جبران

«وعاشر بمعروف وسامح من اعتدى ودافع ولكن بالتي هي أحسن»

الإمام الشافعيّ

«صل من قطعك، وأعطِ من حرمك، وأحسن إلى من أساء إليك، وسلّم على من سبّك، وأنصف من خاصمك، واعفُ عمّن ظلمك، كما أنّك تحبّ أن يُعفى عنك»

الإمام الصادق، مستدرك الوسائل

فطَورًا تراني في المساجد راكعًا وإنّـيَ طـورًا فـي الكنائس راتـعُ
إذا كنت في حكم الشريعة عاصيًا فـإنّـي فـي علم الحقيقة طائعُ

عبد الكريم الجيلي

«ليس في نيّتنا القضاء على الأخطاء باللجوء إلى العنف»

خطاب الإكليروس الفرنسيّ إلى الملك لويس الثالث عشر

«انصحوا ولا ترغموا»

رسالة من القدّيس برنار (Saint Bernard)

«إيّاك أن تتقيّد بعقدٍ مخصوص وتكفر بما سواه».

ابن عربيّ، فصوص الحكم

«لا يجوز لنا حتّى أن نلجأ إلى الإهانة وعبارات التجريح»

الأسقف دو بليه (Du BELLAI) في «رسالة رعويّة»

«تذكّروا أنّ أمراض النفس لا تعالج بالإكراه، ولا بالعنف»

الكاردينال لوكامو (LE CAMUS)،
«الرسالة الرعويّة» لعام 1688

«لقد شجبنا على الدوام الأساليب العنيفة»

الجمعيّة العامّة للإكليروس، 1560/08/11

«امنحوا الجميع التسامح المدنيّ»

فينيلون (FÉNELON) رئيس أساقفة كامبريه،
«رسالة إلى دوق مقاطعة بورغونيا الفرنسيّة»

«إنّ التعدّي السافر على أيّ دين من الأديان، هو بمثابة دليل قاطع على أنّ العقل الواقف خلف هذا التعدّي عدوّ سافر للحقيقة»

ديروا (DIROIS)، دكتور من السوربون،
الكتاب السادس، الفصل الرابع

«لقد رأينا أنّ من روح العدالة ومن مبدأ العقل القويم أن نسير على خطى الكنيسة القديمة التي لم تلجأ البتّة إلى العنف لإرساء الدين ونشره»

محكمة باريس العليا إلى الملك هنري الثاني
(Remontrance du parlement de Paris à Henri II.)

«لقد علّمتنا التجربة أنّ العنف، بدلًا من أن يعالج الداء الذي أرسى جذوره في النفس، قمينٌ بأن يزيد في ضراوته»

(DE THOU, Epître dédicatoire à Henri IV.)
دي تو، رسالة مهداة إلى الملك هنري الرابع

«لا نكفّر أحدًا بذنب ولا ننفي أحدًا من الإيمان»

أبو حنيفة

«إنّها لحميّة همجيّة، تلك التي تدّعي لنفسها القدرة على زرع الدين في القلوب، كما لو أنّ الاقتناع قابلٌ لأن يتولّد من الإكراه»

بولانفيلييه (BOULAINVILLIERS)، «أحوال فرنسا»

«مثل الدين كمثل الحبّ: فهو لا يُفرض فرضًا ولا مدخل للإكراه إليه، ولا شيء أكثر استقلاليّةً من الحبّ والإيمان»

آملو دي لاهوسيه، حول «رسائل الكاردينال أوسا»

«يخلق العنف المنافقين، فالإقناع يستحيل عندما يسلّط سيف التهديد»

تييمون، التاريخ الكنسيّ، الجزء السادس

«لئن تكن السماء أحبَّتكم حتى جعلتكم تعاينون الحقيقة، فقد خصّتكم بنعمةٍ عظيمة، ولكن أيحقّ للأبناء الذين نالوا ميراث آبائهم أن يبغضوا من لم يحصلوا عليه؟»

مونتسكيو، «روح الشرائع»، الباب الخامس والعشرون

«ينبغي لمحبّ الكمال أيضًا أن يعوّد نفسه محبّةَ الناس أجمعين، والتودّد إليهم والتحنّن عليهم، والرأفة والرحمة لهم. فإنّ الناس قبيلٌ واحد متناسبون، تجمعهم الإنسانيّة، وحلية القوّة الإلهيّة التي هي في جميعهم وفي كلّ واحد منهم، وهي النفس العاقلة، وبهذه النفس صار الإنسان إنسانًا، وهي أشرف جزءَي الإنسان اللذين هما النفس والجسد. فالإنسان في الحقيقة هو النفس العاقلة، وهي جوهرٌ واحدٌ في جميع الناس، والناس كلّهم في الحقيقة شيءٌ واحد، وبالأشخاص كثيرون»

يحيى بن عديّ

«إنّ كلّ الأديان جديرةٌ بالتساوي، وحسب الناس الذين يعلنون إيمانهم بها أن يكونوا صادقين. ولو أراد الأتراك والوثنيّون أن يجيئوا إلينا ويقطنوا في بلدنا لبنينا لهم المساجد والمعابد. فكلّ امرئٍ في مملكتي حرٌّ في أن يؤمن بما يريد، وحسبه أن يكون صادقًا».

فريدريك الكبير ملك فرنسا 1740
Frédéric le Grand, Roi de France 1740

«من المؤكّد أنّه ليس لنا أيّ مصلحة في اضطهاد من لا يشاركنا الرأي، وفي حملهم على بغضنا»

«لم أكن في حاجة إلى حذق كبير أو بلاغة متكلّفة كيما أثبت أنّ على المسيحيّين أن يكونوا متسامحين في ما بينهم، إلّا أنّي سأذهب إلى أبعد من ذلك فأدعوكم إلى اعتبار البشر جميعًا إخوةً لكم. ماذا؟ قد تجيبون: أيكون التركيّ شقيقي والصينيّ شقيقي واليهوديّ والسياميّ؟ أجل، بلا ريب، أفلسنا جميعًا أبناء أب واحد ومخلوقات إله واحد؟»

فولتير، رسالة في التسامح

«لا يكون اللاعنف في خدمة قضيّة ظالمة ولا يمكنه أن يكون كذلك، وإنّما يكون في خدمة القضايا العادلة فحسب، ذلك أنّ اللاعنف لا يقوى على الدفاع عن قضيّة ظالمة دون أن يتنكّر لنفسه».

زينب ليث

«في عام 1989، شهد ما يزيد على مليار ونصف مليار من البشر ثورات لاعنفيّة حقّقت نجاحات تفوق التصوّر... وإذا ما جمعنا كلّ الدول التي تأثّرت بأحداث وحركات لاعنفيّة بعضها إلى بعض خلال القرن الحالي،

منها الفلبين، جنوب أفريقيا، إيران، حركة التحرّر في الهند، فإنّ الرقم سيزيد عن ثلاثة مليارات، وتزيد نسبة هؤلاء عن خمسين بالمئة من البشر، مما يدحض المقولات المتكرّرة التي تزعم أنّ اللاعنف لا يحقّق شيئًا في واقع الحياة».

والتر وينك

«إنّ الحرب النوويّة الحراريّة ستكون بالتأكيد شيئًا آخر غير استمرار السياسة بطرق أخرى، ستكون وسيلةً للانتحار الجماعيّ».

أندريه ساخاروف

«العنف ليس وسيلةً للتغيير، وإنّما وسيلة لاستدامة العنف والظلم، فإنّ من يأتي بالعنف سيرحل بالعنف وهكذا».

جودت سعيد

«المجرمون لا يتركون مجالًا لخصومهم أن يقاتلوهم بالسلميّة، لأنّهم ينهزمون بالسلميّة، فيبحثون عن العنف لينتصروا به على خصومهم السلميّين».

أنطوان أبو زيد

«من الأفضل أن تعضّ على أصابعك وتقاوم سلميًا عنف الدكتاتوريّة على أن تردّ عليها بسلاحها وفي ملعبها المفضّل».

عبد العزيز الخير

«لا أعرف ما هي الأسلحة التي ستخاض بها الحرب العالميّة الثالثة، لكنّ الحرب العالميّة الرابعة ستُخاض بالعصيّ والحجارة».

ألبرت آينشتاين

«في عالمٍ أصبح للقوّة فيه الكلمة الفصل، وللقويّ فيه فعل ما يشاء، وتفشّت فيه ثقافة وقانون الغاب، لا بدّ من إحياء ثقافة هي أليق بالمجتمع الإنسانيّ من ثقافة القويّ يأكل الضعيف، ومن ثقافة العنف والشدّة والقسوة، تلك هي ثقافة اللاعنف، ومحاولة دفع الناس إلى التفاهم بدل التصادم، وإلى احترام بعضهم حقوق بعض، بدل تسلّط بعضهم على بعض، وسلب الحقوق وإلغاء الآخر».

من تقديم كتاب «اللاعنف في الإسلام»
لآية الله العظمى محمّد الحسينيّ الشيرازيّ

«العنف نفيٌ لإنسانيّة الإنسان»

جان ماري مولر

الفهرس